JN302775

ホームヘルパーの医療的ケア・ターミナルケア事例集

具体例で学ぶ新たな業務

京都福祉サービス協会編集委員会 編

ミネルヴァ書房

はじめに

　本書では，訪問介護の現場で実際に対応している医療的ケア，ターミナルケアにおけるホームヘルパー業務について，事例を通じて紹介しています。

　介護職が行う医療的ケアは，喀痰吸引等（たんの吸引や経管栄養等）を指しており，近年ホームヘルパーの対応が一定の条件で認められてきています。特に，2003年からの厚生労働省による通知や介護職員の研修の諸改正（2011年の社会福祉士及び介護福祉士法改正等^(注)）によって，ホームヘルパーの労働環境も大きく変化してきており，医療的ケアはこれからのヘルパーにとっては，必要不可欠な業務になることを前提に考えなければならなくなってきています。

　一方で，ターミナルケア（終末期ケア）についても，介護保険制度導入前からの対応はありましたが，基本的には家族介護が万全に体制が組まれている状態か，医療的処置等医療関係者の関わりが少ないケースに限られていました。最近では，前述した医療的ケアへの対応が拡大する中で相談・対応ともに増加傾向にあります。

　国においては，高齢化のピークとなる2025年の高齢者介護を見すえ，介護保険制度の見直し等の議論が重ねられ，「地域包括ケア」という基本方針が打ち出されています。そして地域包括ケアの実現に向け，地域密着型サービスを中心とした，人口１万人規模の日常生活圏域を単位として在宅医療・介護サービスの大幅な拡充を図る方向であり，医療看護，介護の専門職が密接なつながりを持ち，24時間継ぎ目のないサービスシステムを構築していくビジョンが示されています。その中で，訪問介護事業は要介護度３～５の重度の利用者の対応が中心となることが想定されていますが，前提は，医療的ケア等，高度ケア（たとえば，ターミナルケア，認知症ケア，精神障害ケア等）への対応であり，特に，看護師とのチームケアでの実践が期待されています。

　このように，ホームヘルパーの業務環境が大きく変わろうとしている中，京都福祉サービス協会では，キーワードを「医療・看護との連携を前提とした高度ケア（従来の専門性の範囲を超えた新たな分野のケア内容）への対応」として位置づけました。高度ケア普及委員会を３年前から立ち上げ，医療的ケア・ターミナルケア班と認知症ケア班・精神障害ケア班の２つの委員会活動の中で高度ケアの専門性を追求し，現場に情報提供及び啓発を行い，一方では現場対応事例の拡充とサービスの質の向上を目指してきました。

　本書を企画した目的の一つは，本書で紹介された事例をもとに，多くの関係者がその現状を共有・把握し，専門的な議論をしていただきたいという思いからです。それは，ホームヘルパーによる医療的ケア・ターミナルケアは，これまでの訪問介護のあり方か

らみれば未知の分野であり，従前のホームヘルパー養成研修プログラムや介護福祉士のカリキュラムではほとんど扱われなかった内容であり，これから現場実践を踏まえてさらに発展させるべき分野であると思ったからです。

　もう一つは，ホームヘルパーという介護専門職の可能性や今後のあり方を見直すきっかけにしていただきたいという思いからです。

　本書の活用方法としては，訪問介護事業所のスタッフによるチーム会議，学習会等の資料，地域包括支援センターをはじめ行政等の医療介護関係者の現場理解のための資料として，また，各種福祉介護系の教育現場での学生用の事例研究用などを想定しています。

　本書では，委員会活動の中で現場から報告された多数の事例をもとに，編集委員会で調整・厳選し医療的ケア10事例，ターミナルケア8事例に絞り，各事例の経過・傾向等から分類して章立てして理解しやすいように編集しました。

　事例の作成にあたっては個人情報保護の観点から，あらゆる角度から点検し，大幅な加筆・修正を行っています。本事例集の事例は，実際にあった事例を参考にして，基本的にストーリーは生かして再編したもので，個人情報（疾病情報以外）はすべて架空のものに書き換えています。実際には，存在しておりません。あらかじめご了承ください。

　本書の作成においては，事例集編集委員会のメンバー一人ひとりの積極的で熱心な取り組み，京都福祉サービス協会の高度ケア普及委員会の全面的な支援と現場事業所の担当者（訪問介護事業担当職員及びヘルパー，居宅介護支援担当ケアマネジャー）の協力がありました。本書の完成には，現場の介護に熱心に取り組む担当者の日々の努力の結晶であり，読み返してみてその精神がありありと伝わってきます。感謝の気持ちで一杯です。

　また，本書を製作するにあたり，ミネルヴァ書房編集部北坂恭子氏には，並々ならぬご配慮とご協力をいただきました。本当にありがとうございました。

　本書が，広く医療，看護，介護，福祉関係者に活用されることを願っています。

2013年1月7日

社会福祉法人京都福祉サービス協会
編集委員会を代表して　　宮路　博

(注) 医療的ケアは，2003年に厚生労働省が「ALS（筋萎縮性側索硬化症）患者の在宅療養の支援について」により，一定の条件のもと（本人の文書による同意と，適切な医学的管理等）でヘルパー等による実施を容認するとした内容を通知して以来，これをきっかけにして，医療的ケアについて現場介護職において急速に意識が高まりました。その後も，2005年には，「在宅におけるALS以外の療養患者・障害者に対するたんの吸引の取扱いについて」の通知も出されたため，対応事例が現場では多くなってきていました。

さらに，2011年には，「社会福祉士及び介護福祉士法」の一部改正より，喀痰吸引等（経口内，経鼻内，気管カニューレ内部の喀痰吸引，経鼻経管栄養及び胃ろうまたは腸ろうによる経管栄養の5種類）については，認定特定行為業務従事者として一定の研修を受け，都道府県の認定を受けることが前提になっています。

目　次

はじめに

Ⅰ部　医療的ケア

第1章　利用者との意思疎通について考える

① 意　思……*4*
　──利用者の痛切な思いと本音

② 伝　達……*14*
　──パソコンを通じたつながりに，ヘルパーが加わりました

③ 文字盤……*24*
　──透明のビニール板で，思いをくみ取る

第2章　家族との役割分担について考える

① 見守り……*36*
　──体調悪化を心配して自己注射を促してほしい家族

② 促　し……*42*
　──老老介護の医療的ケアを支えるには

③ 観　察……*49*
　──仕事との両立を図る母親の支援と緊急時の対応

第3章　医療機関・事業者との協働について考える

① 手　順……*58*
　──多種類の薬と塗布の部位を，慎重に把握します

② 快　方……*66*
　──ヘルパーと医師との密な連けいで状態改善

③ 葛　藤……*72*
　──本人の意向と事業者間，制度との狭間で

④ 連　携……*79*
　──関係者は本人の思いを，どのように実現できたか

Ⅱ部　ターミナル期のケア

第4章　利用者への心理的支援について考える

① 感　謝……*92*
　　──最後まで「その人らしい生活」を支援していく意味
② 傾　聴……*99*
　　──がんが再発，完治に望みをかける利用者への関わりの中，ヘルパーができること
③ 受　容……*105*
　　──悩みながらのコミュニケーション，理解できた思いとは

第5章　在宅での看取りを支える体制について考える

① 御守り……*116*
　　──独居で終末期を迎える利用者へ安心を届けるツール
② 緊急対応……*124*
　　──自暴自棄な生活をする利用者の支援，ヘルパーができることとは

第6章　チームケアについて考える

① 自　宅……*134*
　　──「自宅に帰りたい」という希望を叶えるため他職種との連けいを進める
② 進　行……*140*
　　──病気が進行していく中で，ヘルパーの支援に求められるものとは
③ デスカンファレンス……*149*
　　──支援終了後にケアを振り返ることでの気づき

資　料　編

資料1　介護職員等によるたんの吸引等の実施のための制度について … *158*
資料2　喀痰吸引等関係の法令及び通知等の一覧 … *162*
資料3　社会福祉士及び介護福祉士法（抄録）… *163*

本文イラスト：川内直美（社会福祉法人　京都福祉サービス協会）

Ⅰ部
医療的ケア

第1章

利用者との意思疎通について考える

　多くの経験を積んでいても，未経験の援助内容であれば，緊張や不安の度合いは大きいでしょう。初めて医療的ケアを行う場合，医療職や看護職の指示のもと，慎重に手技の習得を進めていくことになりますが，最終的に利用者や家族に習熟度の確認が必要な場合があります。特に意思疎通が困難な利用者であれば，医療的ケアはどのように開始されるのでしょうか。

1 意 思
――利用者の痛切な思いと本音

1 ケース概要

事例の概要	女性，65歳。 　握力の低下やろれつが回りにくく，歩きにくいなどの症状が現れ病院を転々としたが病名が不明だった。ALS（筋萎縮性側索硬化症）との診断を受ける。翌年に胃ろう造設後すぐに，気管切開を行い人工呼吸器を装着した。 　同年夏頃から，毎日ヘルパーが訪問している。平行して複数の訪問看護が導入され，合計週10回の訪問がある。 　現在ほぼ全身にがんが転移しており，深刻な状況となっている。主たる介護者である夫は，本人に献身的な介護を行っている。
家族状況	〈ジェノグラム〉　　〈家族構成〉 　　　　　　　　　　夫：主たる介護者として全面的に介護している。 　　　　　　　　　　長女：同居だが就労しており，夜間と休日は夫と交代で介護し，たんの吸引や注入食の対応をしている。
生活歴等	主婦業と仕事を両立しながら，義理の父母，子ども1人を支えてきた。
心身の状況	認知症自立度　Ⅰ／寝たきり老人自立度　C2／身体障害者手帳（1種1級）／要介護4 〈主な病歴・疾患など〉 　ALS，胃ろう造設，気管切開し人工呼吸器を装着する。乳がんが，全身に転移している。 〈現在の治療状況〉 ・週に2回，主治医の往診がある。身体状況によっては随時の往診がある。隔週で，胃ろうのチューブを交換する。 ・2か所の訪問看護が関わっている。週に6日，1日に2回の訪問。日曜の訪問がないことが課題となっている。 ・夫が主な介護者。夜や休日は長女も手伝う。

日常生活とコミュニケーション

〈ADL〉
寝返り：自力ではできない。定期的に体位変換が必要である。
起き上がり：自力で起き上がることはできない。
移乗：夫とヘルパー2人の介助者による全介助。
歩行：自力では不可。移動は車いすを使用中。
入浴：看護師が2人で，シャワー浴を行っている。
食事：胃ろうによる経腸栄養摂取のため，経口摂取は行っていない。夫が毎食分，栄養剤を注入している。
着脱：全介助
排泄：排便は看護師が排便管理を行い，摘便対応をしている。排尿は尿道カテーテルを留置している。

〈コミュニケーション〉
視力・聴力：普通
意思の伝達・決定：ヘルパー訪問当初は「文字盤」を指して，意思伝達を行っていた。指の筋力の低下から，「意思伝達装置」（センサーを使用し，身体の一部をわずかに動かすだけで，文字をパソコンに入力して自分の気持ちを言葉にできる）に切り替える。担当ヘルパーやサービス提供責任者が研修を行い操作を習得したが，現在は筋力低下が進行し，ほとんどコミュニケーションが取れない状況である。

訪問介護計画

〈本人の意向〉
　何かを決める時は，まず自分に何でも相談してほしい。外出したい。その時は夫の介護負担を減らすように，ヘルパーに手伝ってもらいたい。

〈家族の意向〉
　本人は何でも分かっていると思うので，本人の前で，何でも相談したい。何とかお風呂に入れてやりたい。

〈援助目標〉
　本人の思いを理解し，身体状況を把握し，医療との連けいを密にして，介護者の介護疲れの軽減を図る。
　気管カニューレ内のたん吸引と口腔内の唾液の吸引を行う。

〈週間スケジュール〉

	月	火	水	木	金	土	日
午前	訪問看護 往診	訪問看護 訪問介護	訪問看護	訪問看護 往診	訪問看護 訪問介護	訪問看護 訪問介護	訪問介護
午後	訪問看護 訪問介護	訪問看護	訪問介護 訪問看護	訪問看護 訪問介護	訪問看護	訪問介護	

	〈訪問介護以外の支援サービス〉 ・福祉用具貸与：特殊寝台，体位変換用クッション，エアーマット，車いす ・福祉用具購入：浴槽台購入，シャワーキャリー ・家族等の支援：協力的である
医療的ケアの実施内容	たんの吸引
医療従事者との連携	・退院の1か月前にケアマネジャーからヘルパー利用の依頼を受ける。 ・当協会の看護師難病支援センターに相談し，ヘルパー導入に向けて調整を開始する。 ・サービス提供責任者が病院でのカンファレンスに参加し，状況説明を受ける。 ・ケアマネジャー，ヘルパーにとって吸引事例に対応するのは初めてである。 ・関わっている2か所の訪問看護がいつでも連携が可能であり，ヘルパーへのサポート体制を強化した。
リスク対策	状態の急変時は，夫が状況を判断し，医療機関に連絡する。

2　支援経過

日時	訪問経過	分析・考察・所感
8月10日	ケアマネジャーからヘルパー利用の依頼を受ける。	ケアマネジャー，サービス提供責任者ともにALSの方に対する初めての医療的ケアであり，医療との連携，チーム体制やフォロー体制の整備が必要と思われる。
8月31日	〈カンファレンス〉（病院） 　サービス提供責任者，管理者が参加する。 　たんの吸引指導の資料として，関係者共通の「マニュアル」を看護師が作成する。 　2か所の訪問看護事業所が「ヘルパーへの吸引指導」を行う。 　開始当初は訪問看護の訪問時間と重なるようにヘルパー訪問時間を調整し，看護師から指導を受ける。ヘルパー単独での開始は本人の許可に従うこととした。9月7日に退院予定。	ケアマネジャー，訪問看護から「必要に応じていつでも研修などの協力体制をとる」とのこと。担当ヘルパーやサービス提供責任者など不安が大きい状況だったが，全員が「一歩前進した」という意気込みがあった。
9月9日	〈初回訪問〉 　訪問当初は，足浴，手浴の援助内容とする。ジェスチャーと文字盤で，本人との意思疎通を行う。看護師から吸引指導を行う予定であったが，急に看護師の訪問が中止となったため，夫が行う吸引の様子を見学することとなる。 　本日から日曜日以外1時間，サービス提供責任者が看護師の訪問と重複する時間を確保し訪問活動を行う。	看護師からの吸引指導が中止となり，夫の吸引を見学した。夫の自己流の手技となっている部分がある。今後，看護師から指導を受けていく中で，手技の統一のために，そのつど，夫へ確認を行う必要があると感じる。

| 9月29日 | 〈サービス担当者会議〉
現状の情報共有と今後についての確認を行う。
　看護師に見守られながら指導を受けているが，不安はある。
　看護師より先にヘルパーが訪問している時に本人から「吸引をしてほしい」といわれることがある。ヘルパーにはまだ許可がでていないので，単独での吸引は不可ということを確認する。

Q1 ヘルパーとして吸引の準備（講習会や練習等）が整わないうちに，今までの援助の流れの中で，吸引してほしいといわれたらその場でどう対応したらいいですか？ | 看護師から，「手技の得手不得手，手が震える人などさまざまだが，全員，基本に忠実に実施している。家族が了解を出せば，ヘルパー単独での実施が近いと思う」との言葉をいただいた。ヘルパーの実力を実感し，明るい見通しがついたと感じる。 |
|---|---|---|
| 10月15日 | 〈ケアカンファレンス〉（サービス提供責任者・担当ヘルパー）
　看護師の同行訪問は1か月を目途にしていたが，看護師との時間調整の関係で，ヘルパーごとの指導回数にばらつきがあり，まだ単独訪問が難しいヘルパーがいる。そのため，11月から，ヘルパー単独での訪問を開始したい旨を伝えることを確認する。 | 「今も不安は大きいが，本人が笑顔で，『大丈夫』という身ぶりをしていることに励まされ，頑張れた」と担当ヘルパー全員からの報告があった。 |
| 10月16日 | 〈訪　問〉
　医療的ケアを実施するに当たり，初めての対応なので，ていねいに準備をしていきたい旨を本人に伝える。
→本人から以下のような「痛切な思いと本音」を伝えられる。
・ほとんどのヘルパーが上手にできている。怖がるヘルパーがいるにしても，いつまでも看護師が一緒についていては，うまくならない。ヘルパー単独訪問を延期するのであれば，ヘルパーの訪問の必要はない。
・いつもヘルパー側の話ばかりをしているが，もっと自分のことを理解してほしい。

Q2 一日も早く吸引をしてほしいとヘルパーに強く要請されたとき，現場でどう対応したらいいですか？ | ケアマネジャーから本人に「ヘルパーの単独訪問は11月から開始したい」と説明したが，本人に了承を得られていない。本人も夫も精神的な面での疲労が限界であったか，ケアマネジャーとサービス提供責任者とのコミュニケーション不足があったかの原因が考えられる。 |

10月19日	〈ケアカンファレンス〉担当ヘルパー 　援助内容の確認を行い，1.5時間で週6回の訪問を継続することを確認する。	毎日1.5時間の訪問の中で，吸引以外の援助は流動的である。今後訪問を重ねていく中で，状況を把握し検討していく必要がある。
同日	〈訪問〉サービス提供責任者と管理者 　援助内容の確認を行い，ヘルパー単独での訪問を20日から開始する旨を伝える。ケアマネジャーにも報告済。	本人，家族へは，十分な説明を行わなければならないことを感じた。
10月22日	〈訪問〉 　ヘルパー単独での訪問に変更した訪問介護計画書に差替えを行う。 　以前は，夫と長女が，本人のことで口論になることがあり，辛かったようであるが，本人から「夫が自分に対して話かける時，余裕が出てきていることがうれしい」と伝えられた。	夫の介護負担を軽減できていることが，すぐに成果として表われていることがある。本人の「もっと自分のことを理解してほしい」との思いを知ったことで，たん吸引の手技にのみとらわれがちになり，本人の思いをしっかりと受け止める余裕のなさを反省した。

3 担当者の所感及び考察

▰サービス提供責任者より

●苦労したことや留意点など

- 本人と家族に対して、介護保険制度で対応できないことを説明し、了承を得ること。
- 日曜日に医療機関が訪問しないことから、日曜日のヘルパー利用の希望が出たが、日曜日に訪問可能なヘルパーが少ないことで調整に苦慮した。
- 複数のヘルパーとサービス提供責任者での対応であったが、訪問スケジュールや手技の習得状況など最新情報の共有や状況の変更があり、関係者の連絡調整が適切に行えず混乱を招いたこと。
- ケアマネジャーを含め、どのように対応していくか、一つずつの確認と判断に手間取った。

> Q3 このような時、刻一刻と変わる情報を関係者で共有するためには、どうすればいいですか？

●疑問点や不安であったことなど

- 本人の身体状況はALSだけでなく、がんも発症し、痛みの緩和のため、本人の身体をなでたり、さすったりする割合が大きくなり、援助内容の再検討がでてきたこと。
- 夫がしっかりと介護しているためか、本人の病状の進行の状態をケアマネジャーに確認すると「家族に聞いてほしい」と言われることが多くなったこと。

●うまくいったことなど

- 本人の思いに対して、判断が難しいことがあれば事業所内の看護師に相談し、本人に回答できた。事業所内に医療看護の担当者がいることが心強く思われた。

> Q4 病状等の確認は本人・家族だけでいいですか？

- 本人宅の介護環境が整っており、介護に熱心な夫が常に介護のしやすさを追求し、ヘルパーにも意見を求めながら状況の改善を図ってもらえたこと。

●その他

- 本人の病状の進行に伴い、徐々にコミュニケーションが取りにくくなるにつれて、介護職の視点で本人の思いを受け取る方法はないかと、常に現場で改善策を模索する必要があったこと（言葉を記したカードを作成するなど）。
- 意思伝達装置への切り替えが遅かった感がある。本人とのコミュニケーションの方法を早い段階で検討した方がよかった。

▰ヘルパーより

●苦労したことや留意点など

- 本人が何を訴えているか全く理解できず「イエス」か「ノー」なのかさえ分からなかったこと。
- 看護師から指導を受けたとはいえ、吸引の経験のないままに、震える手を押さえながら対応しなければならなかったこと。

- 便秘，痛みを緩和するために，体位変換やゆっくりとなでたり，さすったりする割合が大きくなったため，ヘルパーの体力，精神面の負担が増加したこと。

> **Q5** このような時，サービス提供責任者としてはどのような対応をすべきですか？

●疑問点や不安であったことなど
- 当初は夫が常時在宅していたが，ヘルパーが慣れてくると外出することがあり，ヘルパー単独では不安があった。
- がんが発症し，体調が急変しないか常に不安であった。

> **Q6** 急変時の対応の基本は？

- 手技に慣れてくる中で，夫と看護師との間で介護方法の相違があり，ヘルパーがとまどうことがあった。

●うまくいったことなど
- 本人，家族がヘルパーの援助に協力的であったこと。

> **Q7** 家族の「やり方」とケアの方法が違う場合，どう対応すればいいですか？

- 看護師と一緒に訪問し，看護師から学ぶ点がたくさんあったこと。
- 本人から「かゆい」との訴えがあったが，部位が分からず，本人が自分の顔を近づけて触れることで部位が分かり一緒に笑い合えたこと。
- 本人から「看護師よりあなたたち（ヘルパー）が上手」といわれ，自信につながったこと。

Q1 ヘルパー側の吸引の準備（講習会や練習等）が整わないうちに，今までの援助の流れの中で，吸引してほしいといわれたらその場でどう対応したらいいですか？

A たんの吸引等を行える者は，「社会福祉士及び介護福祉士法」の一部改正により，平成24年4月から「介護福祉士（平成27年度以降が対象）及び一定の研修を受けた介護職員等においては，医療や看護との連携による安全確保が図られていること等，一定の条件の下で『たんの吸引等』の行為を実施できる」ことになっています。つまり「平成26年度までの介護福祉士を含め，一定の研修を修了していなければ，たん吸引の行為を実施できない」ことを利用者や家族に伝え，了解を得る必要があります。

またケアプランや訪問介護計画で「看護師との同行」が位置づけられているのであれば，ケアプラン通りの内容を実施することが，安全かつ円滑な援助である旨を利用者や家族に伝え確認を求めましょう。

Q2 一日も早く吸引をしてほしいとヘルパーに強く要請されたとき，現場でどう対応したらいいですか？

A 利用者の思いを受容しつつ，利用者の意向はサービス提供責任者やケアマネジャーに報告する旨を伝え，ヘルパー独断で即答することは避けましょう。

サービス提供責任者やケアマネジャーが事前に，援助までのスケジュールを利用者に提示し，ヘルパーの医療的ケアの習熟度や進捗状況を伝えながら，どのタイミングでヘルパー単独訪問とするのか，スケジュールをくり上げてヘルパー単独訪問を開始できるのかなどの情報共有を行いましょう。事業所や医療・看護職と利用者との間で，相互にヘルパーの医療的ケアの習熟度を随時確認することは，利用者の「信頼」が，「もどかしさ」や「いらだち」に変わることを防ぎます。

Q3 このような時，刻一刻と変わる情報を関係者で共有するためには，どうすればいいですか？

A 事業所内の連携については，関わる人数が増えるほど慎重に行いたいものです。具体的には，「定期的にカンファレンスを行い，ヘルパーの訪問スケジュールや手技の習得状況など進捗管理と利用者の身体状況など最新情報の共有を図ること」が理想です。ただ，全員が一堂に会することが難しいようであれば環境によりますが「携帯電話やメールを活用して，各ヘルパーから連絡がある日々の状況をサービス提供責任者が集約し，適宜ケアマネジャーへ伝え，ケアマネジャーから医療・看護職への情報提供を行う」など工夫が考えられます。あるいは，利用者や家族も含めて共有が可能であれば了解を得て，「利用者宅に連絡ノートなどを備えつけ，そのつど，次のヘルパーに申し送り，サービス提供責任者などが定期的に連絡ノートを確認する」などの方法も効果的です。

Q4 病状等の確認は本人・家族だけでいいですか？

A 利用者や家族への確認はもちろんですが，ケアマネジャーを中心に，関係事業者の連けいを図り病状確認を行う必要があります。医療的ケアでは，サービス事業者と医療・看護職との情報共有が必須であり，利用者の心身状況の変化は，関わるサービス事業者ごとの情報を絶えずケアマネジャーが集約管理し，医療・看護職へつなげ，指示を仰ぐ体制づくりが求められます。

Q5 このような時，サービス提供責任者としてはどのような対応をすべきですか？

A 　さすったり，なでたりすることの必要性を医学的な視点から確認することが求められます。利用者の病状が進行し，筋肉の硬直など身体状況の変化が表れているのであれば，リハビリテーションやマッサージなどの専門職の援助を導入する方が，より効果的かもしれません。ヘルパーが実施するにしても，介護上の必要性をアセスメントしてケアプランに記すことが必要です。
　いずれにしても，医療的ケアを必要としている利用者の身体状況の変化は，そのつどケアマネジャーや医療・看護職へ伝え，援助内容を検討することが望ましいでしょう。

Q6 急変時の対応の基本は？

A 　利用者の急変時の対応は，想定される事態と対応方法や連絡の流れなどを事前に定めておくことが基本です。急変時の緊急対応に遭遇した時「主治医や家族に連絡をする」「救急車を呼ぶ」など頭では理解していても，慌てたり冷静な状態にないことで，迅速な対応がとれないことがあります。
　事前確認の内容は，医療・看護職，家族の連絡先，急変時の応急対応が考えられます。救急車を手配することを想定した内容を電話のそばに備えつけたり，貼ったりしてもよいでしょう。住所，氏名，電話番号，生年月日，主治医，主な疾病と症状，利用者宅までの目印などを記しておくと，迅速な対応が可能です。

Q7 家族の「やり方」とケアの方法が違う場合，どう対応すればいいですか？

A 　家族や介護者の方法を直ちに否定するのではなく，まずケアの方法の相違内容を把握します。把握した内容はケアマネジャーを通じて，医療・看護職に報告し，医療・看護職から家族に対して，適切な方法やリスクの説明を行うことが必要です。「家族が慣れている方法が，必ずしもヘルパーにとっての最良の方法とは限らない」と考え，家族にはケアマネジャーや医療・看護職からの説明と同意を得るようにしましょう。ヘルパーはケアプランや訪問介護計画に沿った援助を行うことが，安全で安心できる援助の大前提であると考えましょう。

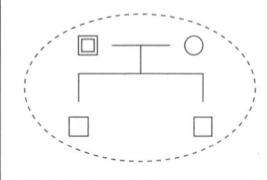

② 伝　達
── パソコンを通じたつながりに，ヘルパーが加わりました

1　ケース概要

事例の概要	男性，50歳。 　ALS（筋萎縮性側索硬化症）を発症した。症状の進行によりADLが低下している。3年後に胃ろう造設，人工呼吸器の装着となり，たん吸引の処置が必要となる。妻が主たる介護者として介護している。右手指先がわずかに動くので，パソコンを操作して意思表示やコミュニケーションを図ったり，さまざまな情報を得たりしている。自宅内はバリアフリー改装を行い，かなりの設備が整っている。妻は，訪問看護を利用する時など，目を離せる時間を作って，外出などの用事を済ませている。1時間の訪問看護と交代する形で，吸引処置が可能なヘルパーが1時間訪問することで，より長く目を離せる時間を作っていきたいとの意向があり，訪問介護の利用を開始する。
家族状況	〈ジェノグラム〉　　〈家族構成〉 　　　　　　　　　妻：主たる介護者として全面的に介護している。 　　　　　　　　　長男：学生，吸引及び他の介護対応も可能。 　　　　　　　　　二男：学生，吸引及び注入食は対応可能。
生活歴等	ベッド上での生活となり症状が進行していく中，さまざまなことに興味・関心を持ち，旺盛な知的探求心を持ち続けている。
心身の状況	認知症自立度　正常／寝たきり老人自立度　C2／身体障害者手帳（1種1級）　要介護5 〈主な病歴・疾患など〉 　　ALS，胃ろう造設，・気管切開，人工呼吸器装着 〈現在の治療状況〉 ・2週間に1回，主治医が往診している。 ・定期的に胃ろうのチューブ交換などで入院する。

日常生活とコミュニケーション

〈ADL〉

寝返り：自力では不可。定期的に介助者が体位変換を行う。介助時は，人工呼吸器チューブを一時はずす必要がある。

起き上がり：ベッドのギャッジアップ機能を利用しながら，全介助が必要。介助時は，人工呼吸器チューブを一時はずす必要がある。

移乗：全介助が必要。介助時は，人工呼吸器チューブを一時はずす必要がある。ALSによる筋力低下のため，身体が非常にグラグラした状態であり，妻は1人でベッドとキャリー（車いす）間の移乗を行っているが，介助にはタイミングを図る必要がある。

歩行：自力では不可。移動時は車いすで介助する。

入浴：自力では不可。訪問入浴を利用している。

食事：介助があれば，食材によって経口摂取は可能。

着脱：全介助が必要。

排泄：排尿は本人の意思表示で，介助者が尿器をセットしている。排便は「可能な限りトイレでの排泄を続けてほしい」との妻の強い思いがある。排便コントロールをしながら，毎朝，全介助でトイレへ移動して試みている。ベッド上となる場合は，差し込み便器を使用する。

〈コミュニケーション〉

視力・聴力：普通。

意思の伝達・決定：気管切開以降もスピーチカニューレ（上部に穴が開いたカニューレのことで，空気が声帯に送られるため発声が可能となる）で会話が可能であったが，人工呼吸器装着後は発声できなくなり，パソコンで文字を打って意思表現をしている。当初は，わずかに動く右手指先で機器の操作をしていたが，動きにくくなり，現在は唇で操作をしている。それ以外は，口をパクパクしたり，首を振ったり，表情で伝える。

訪問介護計画

〈本人の意向〉

ALSの進行で人工呼吸器をつけての生活となり，日常動作全般に介助が必要になるが，できる限り自宅で自分らしく生活したい。

〈家族（妻）の意向〉

福祉サービスを利用しながら，家族とともに安全で，夫らしい生活を続けてほしい。自分も出かける用事があるので，安心して外出できる時間を作りたい。

〈援助目標〉

　定期的に訪問しながら，定められた範囲内での医療的ケアを含めた介護援助をする。

　本人の習慣や状態把握に努めながら，主治医や訪問看護師など医療の指導の下，ケアマネジャーを中心としたケアチームと連携を図り，家族が不在の時間帯の「安心・安全・安定」につなげていく。

〈援助内容〉

医療的ケア：本人の意思表示を見て，定められた条件の下，主に気管カニューレ内のたん吸引とともに，口腔内の唾液の吸引を行う。

清拭：適宜，部分清拭，手浴，足浴を行う。

排泄介助：尿意の合図を受けて，尿器を準備し介助を行う。

衣類着脱介助：必要時，ベッド上での姿勢・位置に留意しながら，着替えの機会を図る。

その他：家族が目を離している間，安心・安全に留意しながら，状況確認・見守りを行う。

〈週間スケジュール〉

	月	火	水	木	金	土	日
午前		訪問入浴	訪問介護 往診(隔週)		訪問入浴		
午後	訪問リハ	訪問看護 訪問介護		訪問リハ	訪問看護 訪問介護		

〈訪問介護以外の支援サービス〉

・訪問入浴（火・金　午前）

・福祉用具貸与：ベッド，車いすなど

・医療機関：主治医往診（隔週水　午前）　訪問看護（火・金）

　訪問リハビリ（月・木）

・家族等の支援：妻が中心となって介護している。長男・二男は，必要時に支援する。

医療的ケアの実施内容

たんの吸引

医療従事者との連携

　たん吸引の処置に関するヘルパー依頼に伴い，事前研修の相談を行う。ケアマネジャーが主治医及び訪問看護と同法人内の事業所であり，ヘルパー開始にあたって病院で研修の場を設定する。主治医から，解剖学的見地を踏まえた吸引についての基本講義と，本人の状況説明を受ける。

担当訪問看護師からも，状況及び留意点の説明がある。その後難病支援センターから，吸引の講義と吸引器操作の実習を行う。事業所で初めての吸引事例であり，当該研修の実施は非常に有意義であった。

　上記研修後，すぐにヘルパー訪問を開始するのではなく，数回，訪問看護の援助に同行し，実際の処置を見学する。次に訪問看護師の指導下でヘルパーが実際に処置をし，一定の状況を把握してからヘルパー利用開始となった。

リスク対策	ヘルパー訪問時に，状態の急変などがあった場合 ・妻が外出している場合は，携帯電話にすぐ連絡する。 ・訪問看護に連絡を行い，主治医へつなぐ ・救急の場合は，指定病院へ搬送する。

2　支援経過

日時	訪問経過	分析・考察・所感
12月1日	〈事前面接〉 　本人との関係構築や円滑に援助が開始できるように，担当予定のヘルパーがサービス提供責任者と一緒に面接に同行する。	自宅内はバリアフリー改装をしており，エレベーター・専用車いす・トイレ・浴室・スロープなど，本人の状態に合わせている。家族の本人に対する細やかな思いを感じ取れ，その思いをどこまでくみ取り，支援ができるのか考えてしまう。
12月15日	〈医療的ケア研修〉 　ケアマネジャーが設定した事前研修を受ける。事業所で初めての吸引事例であり，担当に加えてもう1人別のサービス提供責任者も出席する。 　週1回の訪問予定であるが，フォロー体制がとれるよう，担当以外のヘルパーも出席し，ともに関わっていく。	主治医から，基本的な解剖学見地からの講義とともに，訪問看護師と合わせて，本人の個別な状況及び留意点を確認できたことが大きかった。 　ケアマネジャー，訪問看護事業所長より，今後も必要性があれば，いつでも研修などの協力体制をとるとのこと。心強く感じる。
12月17日〜28日	研修終了後すぐに，ヘルパー訪問を開始するのではなく，訪問看護師の援助時に，担当ヘルパーとフォロー体制をとるサービス提供責任者が同行，吸引処置を含めた本人の状況確認を行う。 　後半については，訪問看護師指導の下，実際に吸引処置の手技を行う。	1時間の予定の中で，吸引以外にヘルパーで対応可能と思われる内容を確認する。 　妻から来月に外出する用事があり，家族に相談を行うが，

			状況によってはヘルパーを依頼したいとの相談がある。ケアマネジャーに報告し，依頼時に備えていく。
1月7日	〈初回訪問〉	訪問看護師援助時から同行する。本日から，定期的なヘルパー訪問を開始する。しばらく，訪問看護師援助時から同行することを継続する。妻は，本人がヘルパーに慣れるまでの間，当面外出はせず，吸引処置などを見守るとのこと。ヘルパー1人でのサービスであるが，当面2人で訪問しながら，フォロー体制の構築を図っていく。 昨年末に相談のあった，臨時利用について妻に確認する。相談の結果，17：30～19：00までヘルパーが対応，後は長男が対応することとなる。18：00頃～夕食を取っているとのことで，経口食部分をヘルパーで介助することになる。事前に夕食時に訪問して，妻の介助の様子を確認する。	本人にとって，望ましい姿勢や状態など，細部の理解が必要であり，時間を要すると感じられる。まずは，コミュニケーションをじっくりと図りながら，理解を深めていく必要がある。 正直なところ，吸引処置については，まだまだ慣れない状況であり，本人に負担をかけることがないか気になるが，慌てることなく慣れていくことをヘルパーと確認する。
1月12日	〈訪　問〉	臨時利用に向けて，2人のヘルパーが，夕食介助の状況確認のために訪問する。 食事時は，ベッド上で，妻が横に座りながら口に運んでいる。正月には，お餅やおせち料理も食べたとのこと。また寝る前には，飲酒することもあるとのこと。	最初から最後まで，食事の様子を見るつもりであったが，妻から「こういう感じで」との説明を受けるのみとなる。2人のヘルパーからじっと見られての食事は，本人にとって落ち着かない時間になると思われる。

1月19日	〈臨時訪問〉

妻の夕方の外出に伴い、臨時訪問を行う。ヘルパー2人とサービス提供責任者が同行する。訪問すると、妻はすでに外出し、伝言メモが残されている。長男が在宅しており、呼び出し合図とともに妻が事前に準備した夕食(カレー)をセット、ヘルパーが介助を行う。

粥状のご飯をカレーの入った器に半分ぐらい入れて、少しずつ混ぜながら、口に運んでいく。ゆっくりではあるが、しっかりと咀嚼、嚥下ができている。

経口摂取が終了後、再度、呼び出し合図をすると、長男が注入食対応を行う。排尿介助、吸引処置を行い、所定時間となる。

これまでの訪問以上に、コミュニケーションの時間をとることができた。パソコンの画面を通じて、本人の生活の様子を聞くことができる。

気道が塞がれているので、あまり匂いを感じないが、食事にはやはり匂いが必要とのこと。味も少し分かりにくいが、口からの食事はよいとのこと。

歴史に関心があり、自分で会を立ち上げて活動をしている。「いつも歴史のロマンを考えているのですね」と声かけすると笑顔が見られる。

医療的ケアとしてたん吸引処置を行う手技自体に、どうしても意識を向けがちであるが、コミュニケーションをじっくりとることで、本人の理解を深めることが大切と実感する。

1月21日	〈同行訪問〉 　ヘルパー2人の訪問時にサービス提供責任者も同行する。本日は，たんが取りにくい日であるのか，何度も処置を行う。 　ヘルパーでの対応は，基本的にカニューレ内の吸引，圧（吸引力の強さ，もしくはスイッチ）を止めながらカテーテルに挿入し，中に入った時点で圧を開放する方法を行う。しかし，本日のような状態では，十分に吸引できずに時間を要する面があり，<u>本人・妻からは，最初から圧を開放し，カニューレより奥への挿入を望むのが感じられる</u>。圧を止めたままだと，挿入途中の音が聞こえず，たんを取り残す可能性があるためとのこと。 **Q1** 法で定められていること以外のケアを要求された場合，現場ではどう対応すればいいですか？	本人より，「自分が苦しいぐらい吸引する方がよい」「吸引処置は苦しいものであり，同じ苦しいのが続くのであれば，瞬間的に強くても，早く終わった方がよい」との言葉が，パソコン画面に表示される。 　本人の思いは十分に理解できるが，ヘルパーから見れば，希望通りの対応は非常に危険性がある。本人の表情や顔色，カテーテル挿入時の音の変化をキャッチできるよう，基本対応をふまえながら，時間をかけていく必要がある。
1月28日	〈同行訪問〉 　ヘルパー2人の訪問時にサービス提供責任者も同行する。 　これまで妻は外出することなく，ヘルパー訪問時は在宅であったが，次回から外出していきたいとの申し出がある。本人から，パソコン画面で「もう大丈夫でしょう」との意思表示がある。 　これまで訪問看護師の援助時からの同行も続けてきたが，次回から中止する。	週1回の訪問では，ヘルパー側はまだ不安があり，当面2人での訪問を継続する。 　同行訪問が可能なヘルパーを増やしながら，対応可能につなげていく。 　状況を見て可能であれば，1人での訪問に切り替えていきながら，交代体制での訪問を検討する。

3 担当者の所感及び考察

■サービス提供責任者より
●苦労したことや留意点など

　本人は人工呼吸器を装着して以降，声を出すことができなくなり，会話でのコミュニケーションが不可となる。その後表情や口唇，パソコン画面を通じてのコミュニケーションとなったが，妻が細かなニュアンスを理解できるので，本人は安心感があったように思われる。特に妻がそばにいる時の表情が穏やかであるのが印象的である。ヘルパーとして，表情などを読み取る力が求められるので，理解を深めていくのには時間を要する。週1回の訪問で，1人のヘルパーのみの対応にならないよう，複数のヘルパーで交代しながら対応できるように，同行訪問の機会をつくるように配慮している。

●疑問点や不安であったことなど

　たん吸引を行う際，人工呼吸器に接続しているチューブをいったんはずす必要がある。ヘルパーは片手で吸引のチューブを持ちながら，もう一方の手で人工呼吸器のチューブをはずし，接続しなければならない。うまく処置ができるかどうか，呼吸困難の状態を引き起こさないか，常に不安がつきまとう援助である。

●うまくいったことなど

　本人も妻も気遣いをされ，受け入れがよかったので，定期ヘルパー1人の訪問ではなく，複数のヘルパーが状況を見ながら同行できる可能性があるのが幸いである。

■ヘルパーより
●苦労したことや留意点など

　すぐに言葉での会話ができないことから，口をパクパクしたり，首を振ったり，表情で伝えようとする本人の意思表示をどう読み取っていけるかが心配で難しかった。

　本人が何か言おうとしているのを感じて，「○○ですか？」と尋ねた時「違う」と反応が返ってくると，焦ることがある。何度かくり返しても分からない時，内心ではパニック状態になり，冷や汗が出てきたことがあった。

　妻から「キーワードが読み取れるようになれば，スムーズに援助ができるようになる」との言葉がある。しかし，夫婦のように細やかでデリケートな部分まで感じ取れるようには，正直なところ，なかなかできない。時間をかけながら，少しずつでも理解を深めていきたい。

> **Q2** コミュニケーションがとりにくいとき，何を心がければいいですか？

●疑問点や不安であったことなど

　初めてたん吸引の処置を行う業務であり，研修での実習機器を使用した手技と違い，実際に人に行うのは，大きな不安があった。

　吸引器の操作や処置に加えて，人工呼吸器のチューブをいったん外す必要があるので，

余計に不安が募ってしまった。チューブを外すとすぐに，人工呼吸器から大きな警告音が鳴る（スイッチを押すと止まる）。慣れるまでは警告音が精神的なプレッシャーを増幅することになり，呼吸困難の状態を引き起こさないか心配であった。

●うまくいったことなど

　ヘルパー2人での訪問ができたので，緊急時の不安感が軽減され，一緒に支援を考えられた。

●その他

　当初，本人がヘルパーに慣れず，緊張した表情が見受けられ，うまくコミュニケーションをとっていけるか心配であった。ヘルパーの訪問に慣れていくにつれて，本人のにっこりとした笑顔が見られた時は，本人の人柄を感じることができうれしく思われた。

Q1　法で定められていること以外のケアを要求された場合，現場ではどう対応すればいいですか？

A　ヘルパーでは対応できない内容であることを根拠とともに，利用者にはっきり伝えなければなりません。制度上のことはもちろん，想定されるリスクと事業所として負える責任の範囲を示す必要があります。いったん対応してしまうと，利用者に過度な期待を持たせてしまいかねませんし，リスクを抱え続けたままの援助となることにつながります。継続してヘルパーが訪問できるために安全な方法を確保できるよう，ヘルパーで断りきれない場合は，サービス提供責任者やケアマネジャーからくり返し利用者や家族へ説明を行い，了解を得ることが必要です。

Q2　コミュニケーションがとりにくいとき，何を心がければいいですか？

A　ヘルパーが訪問を重ねていくにつれ，利用者と少しずつ信頼関係が作られていきますが，多くの場合，まず「利用者を理解しようとする姿勢や態度」が求められるのではないでしょうか。利用者に対する共感の姿勢を誠心誠意こめて伝えることで，利用者との相互理解が可能となります。

　たとえば，発語することが難しい利用者の場合，利用者の表情，眼や唇の動きを観察し，どのような場合に利用者の意思表示があり，どのような意図があるか，一定のパターン（「2回まばたきをすればYESなど」）を把握し，利用者や家族に確認していきましょう。また家族がどのような工夫をしているのかを知ることも参考になります。

3　文字盤
——透明のビニール板で，思いをくみ取る

1　ケース概要

事例の概要	女性，75歳 　話しにくさと嚥下障害，息苦しさが出現し，呼吸状態が悪化した。精密検査の結果ALS（筋萎縮性側索硬化症）と診断される。同年8月に胃ろう造設，呼吸機能低下のため人工呼吸器を装着した。昼間独居となるため，訪問介護を利用することとなる。 　主たる介護者は夫で，自宅近くで自営業をしながら介護を行っている。昼間は，さまざまなサービスを利用し見守り体制をとっている。合間をみて夫が帰宅し，長時間一人にならないようにしている。 　意思伝達は，顔の表情筋でセンサースイッチを押すことで，介護者を呼んだり意思伝達装置への入力を行ったりする。普段は透明の文字盤（ひらがなの五十音表）を使って，コミュニケーションを図っている。
家族状況	〈ジェノグラム〉 / 〈家族構成〉 夫：主たる介護者。昼間は自宅近くで店を営んでいる。仕事の合間，本人のたん吸引や注入食の対応を行っている。 長女・長男：就労している。夜間，日曜祝日は介護を行っている。
生活歴等	夫とともに自宅近くで自営業をしながら，2人の子どもを育てる。
心身の状況	認知症自立度　自立／寝たきり老人自立度　C2／身体障害者手帳（1種1級）／要介護5 〈主な病歴・疾患など〉 　ALS 〈現在の治療状況〉 ・週1回主治医が往診し，2週間ごとに気管カニューレを交換している。 ・半年に1回，胃ろうのチューブを在宅で交換している。

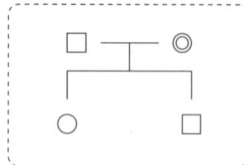

	・年2回,2週間ほどのレスパイト入院(乳幼児や障害者,高齢者などを在宅でケアしている家族を癒すために,一時的にケアを代替し,リフレッシュを図る)をしている。
日常生活とコミュニケーション	〈ADL〉 寝返り:全介助。2人介助で体位変換を行う。 起き上がり:全介助している。 移乗:ベッドから車いすへの移乗は3人での全介助だが,車いすでの外出は行っていない。 歩行:不可。移動はストレッチャーで行う。 入浴:週1回,訪問入浴を利用している。 食事:胃ろうから経管栄養剤を注入している。 着脱:2人介助で全介助している。 排泄:排尿はオムツとパットを使用し,本人の求めに応じて,介護者が尿器で介助している。夜間はパット内に排尿しており,朝,訪問したヘルパーが2人介助でオムツ交換をしている。排便は週3回訪問看護師が浣腸,摘便を行い,ヘルパーが補助を行う。 〈コミュニケーション〉 視力・聴力:問題なし。 意思の伝達・決定:透明の文字盤を使用し意思を伝え,会話をしている。右頬のセンサースイッチで意思伝達装置の入力を行うが,たまに練習するのみでほとんど使用していない。
訪問介護計画	〈本人の意向〉 　呼吸がしんどくなるのがつらい。家族にできるだけ迷惑をかけたくない。 〈家族の意向〉 　本人の思う通りにしてもらいたい。 〈援助目標〉 　家族や医療サービス,福祉サービスと連携し本人の在宅生活をサポートする。 〈援助内容〉 医療的ケア:本人の求めに応じ,気管カニューレ内と側溝のたん吸引を行う。口腔内のたん,唾液を吸引する。 清拭:2人介助で部分清拭を行う。皮膚状態を観察し適宜訪問看護師に報告する。手浴,足浴も適宜行う。 体位変換:2人介助でベッド上の引き上げや,体位変換を行う。

	排泄介助：2人介助でオムツ交換，陰部洗浄を行う（皮膚状態を確認し，適宜，訪問看護師に報告する）。本人の求めに応じ，尿器の介助を行う。訪問看護師による摘便を補助する（体を支える等）。摘便後，2人介助で臀部洗浄する。 衣類着脱介助：希望時，2人介助で着替えをする。 その他：本人と意思疎通を図り状態を把握し，適宜，訪問看護師等に報告する。 〈週間スケジュール〉 |	月	火	水	木	金	土	日
---	---	---	---	---	---	---	---
午前	訪問介護 訪問看護	訪問介護 訪問看護	訪問介護 訪問看護	訪問介護 訪問看護	訪問介護 訪問看護	訪問看護 訪問介護	
午後	訪問看護 訪問介護 訪問介護	訪問看護 訪問介護 訪問介護	訪問介護 往診 訪問介護	訪問看護 訪問介護 訪問介護	訪問看護 訪問介護	訪問入浴 訪問看護 訪問リハ		 〈訪問介護以外の支援サービス〉 ・福祉用具貸与（ベッド，エアーマット，意思伝達装置（文字盤）） ・医療機関：主治医往診（週1回水），訪問看護（月〜土） ・家族等の支援：夫が中心に介護している。仕事から帰宅後，長女と長男が夜間対応している。
医療的 ケアの 実施内容	たんの吸引
医療 従事者との 連携	・退院に際し，担当ヘルパー及びサービス提供責任者が病棟看護師からたん吸引の事前研修を受ける。 ・派遣開始前に担当ヘルパー向けに事業所内看護師から，呼吸器の解剖生理やたん吸引について講義を受ける。 ・派遣開始後は全担当ヘルパーに対して，訪問看護師からたん吸引の手技について指導と確認を受ける。以後，ヘルパー交替のたびに事業所内の看護師から解剖生理等の基本研修を受け，訪問看護師による手技の指導と確認を受けてから吸引を実施している。 ・水曜日の午後以外はヘルパー訪問看護師と同行する時間があるため，日常的に処置の確認，病状の情報提供を受けている。 ・訪問開始後，担当ヘルパーだけでなく事業所の勉強会として難病支援センターから講師を招き，「ALS」について講義を受ける。

| リスク対策 | ・基本的に2人で吸引介助を行う。1人が人工呼吸器の接続部を外し（その間に蛇管内にたまった水分をとる），血中酸素飽和度及び本人の表情をチェックする。もう1人が気管カニューレ内，側溝，口腔内吸引を行う。
・訪問時，パルスオキシメーターを装着する。吸引時は血中酸素飽和度が低下するため，2回目の吸引は血中酸素飽和度の上昇を待って行う。上昇しない場合は，訪問看護師に連絡する。
・担当ヘルパー向けにケアカンファレンスを開催し，介護職の気管内吸引はカニューレ内に限ることを徹底する。
・水曜日の午後以外はヘルパー訪問時に必ず訪問看護師が訪問するので，随時，本人の状態の報告を行い，気管内深くまでの吸引は看護師が行う。
・医療的ケアにかかる「ひやりはっと」はすぐに訪問看護師に報告し，状況確認する。各担当ヘルパーにも申し送り，情報を共有する。
・急変時は，訪問看護師と夫の携帯に連絡する。 |

2　支援経過

日時	訪問経過	分析・考察・所感
10月13日	〈ケアカンファレンス〉 ・病院で，呼吸器についてのオリエンテーションのための各サービス機関の顔合わせを行う。 ・病棟看護師から「右半身に痛みがあるため，体位変換は2人介助の対応が必要」と説明を受ける。	医療機器メーカーの担当者からの呼吸器の説明を受けるが，専門的であり，ヘルパー向けの説明方法は検討が必要。 　具体的な1日の流れのイメージをつかむことが必要。
10月20日	〈病棟看護師と打ち合わせ〉 ・病棟看護師から家族指導用の吸引マニュアルをもらい，病棟での吸引指導の日程調整を行う。また，本人の病状に対する受け止め方について，話を聞く。 ・診断から胃ろう増設，人工呼吸器装着に至るまでが短時間であり，本人は「毎日誰かに来てもらわなくても大丈夫」と実感がない様子であるとのこと。 →本人と対面する。笑顔で迎えられる。 →吸引指導の日程は3日間。担当ヘルパーとサービス提供責任者が研修を受ける（1日4人ずつ）。 〈退院前カンファレンス〉 ・退院が11月1日に決定し，退院に向けての関係機関の顔合わせを行い，退院後のサービスを確認する。 ・ケアマネジャーからケアプランを受け取る。 →2か所の訪問看護ステーションに，ヘルパー訪問時に同行してヘルパーの吸引の手技の確認を依頼する（2週間程度の期間で，全ヘルパーに手技確認を依頼する）。 ・緊急搬送病院を確認する。	短期間に，状況が急変した本人が，退院後の生活のイメージをどの程度つけているか分からず不安に感じる。 　月曜から土曜の担当ヘルパーを調整する。 　2か所の訪問看護ステーションがヘルパーへの吸引指導を快く受け入れてくれたので心強い。
11月1日	〈サービス担当者会議〉 ・本日退院し，自宅で開かれる。 ・人工呼吸器，在宅酸素，吸引器の位置と使用方法，サービス内容と時間帯について確認する。 ・連絡ノートは全サービス事業所で共有する。 →ヘルパーが対応する吸引方法を（気管カニューレ内）確認する	

11月2日	〈初回同行訪問〉	ヘルパーの利用も，人工呼吸器をつけての在宅生活も初めてであり，本人の戸惑い，不安は十分に理解できる。ヘルパーが行える吸引の深さについても根気よく説明していく。
	・訪問看護師から指導を受けながら，2人のヘルパーで吸引を行う。1人が人工呼吸器の接続部をはずし，もう1人が気管カニューレ内の吸引を行う。サービス提供責任者から「ヘルパーの吸引は，気管カニューレ内である」旨を説明するが，本人は「もっと奥に」と納得しかねる様子である。コミュニケーションについても文字盤がうまく読み取れず，意思が伝わらないことがストレスに感じている。	
	→看護師から「人工呼吸器をはずしたヘルパーが蛇管内の水分を取り，モニターや本人の表情をチェックするように」とアドバイスを受ける。	
		文字盤については練習が必要。
	Q1 法で定められている以上のケアを要求された場合どう対応すればいいですか？→23頁を参照	
11月3日	〈引継ぎ同行訪問〉	たんから出ているMRSAを他の部位に移さないため，感染予防の観点から，使い捨てゴム手袋の装着が必要とのこと。
	訪問看護師から，本人のたんからMRSA（黄色ブドウ球菌）が出ているため，吸引の際に必ず使い捨てゴム手袋を装着するようにと指導を受ける。	
	→マスクと専用エプロンを着用し訪問活動するよう申し送る。本人宅に備え付ける。	
	Q2 利用者に，感染の可能性がある場合，どう対応すればよいか，誰に聞けばいいですか？	
11月4日	〈引継ぎ同行訪問〉	「声漏れ」の仕組みを各ヘルパーに申し送る。
	昨日から声が出るようになる。家族によると病院と在宅での生活のギャップの大きさに，本人が大泣きし，その時に嗚咽と同時に声が出るようになったとのこと。	文字盤でのコミュニケーションはヘルパーの技量が不足しているため，本人はストレスに感じていた。コミュニケーションが容易になることで，援助自体が円滑に進むようになることを期待するが，いつまで声が出せる
	→訪問看護に確認。カニューレのカフ（カニューレの先端についている小さな風船）と気管に隙間ができて声が漏れたことにより，声帯が揺れて声が出ている。たんの逆流や誤嚥が心配な状況であるので医師と相談するとのこと。	
	→医師と相談した結果，本人の意思が伝わらないストレスがピークに達している。逆流のリスクよりも，「声が出せることでコミュニケーションが容易になる」というQOLの向上の観点を優先することになった。	

			状態が続くかは分からないため、文字盤の練習は引き続き行う。
11月5日 ～ 11月10日		サービス提供責任者が同行し、援助内容の引継ぎを行う。 訪問看護師から吸引指導を受け、手技確認を行う。	訪問看護師が訪問日以外も快く同行と吸引指導を引き受けてくれたことが非常に心強い。各ヘルパーも看護師から手技に関する確認とOKをもらい自信につながっている。

3 担当者の所感及び考察

■サービス提供責任者より
●苦労したことや留意点など
・ヘルパーと本人の距離間を取ることが難しい。全ヘルパーの担当年数が長期になっている。1人のヘルパーに負担がかかりすぎないように，訪問回数に留意する。
・病状の進行に伴いできないことが増えていくと，本人とともにヘルパーも落ち込んでしまうため，随時カンファレンスを開催し進行を予測し準備しておく。
・直行直帰の訪問形態のため，随時事業所に報告をもらい，次のヘルパーに申し送りを行う。
・機器（人工呼吸器，酸素モニター，意思伝達装置，在宅酸素）の変更時はサービス提供責任者が同行して確認する。
・2人介助のヘルパーの組み合わせにも気を付ける。

●疑問点や不安であったことなど
・担当ヘルパーの休業が相次いだ時があり，訪問体制の維持ができるかは今も常に不安である。

■ヘルパーより
●苦労したことや留意点など
・2人介助の組み合わせが変わると，一つひとつの援助のタイミングや呼吸が合わないことがあるため，本人に迷惑をかけているように思われる。
・文字盤を読み取ることに一生懸命になり，頭の中で文章にできなかったり，本人が時間をかけて話しているのに理解できなかったりして，情けなく思えることがあった。そのため，1人が文字盤の読み取りを行い，もう1人が読み取った文字を文章にすることにした。

●疑問点や不安であったことなど
・何もかもが初めてのことで，当初は，訪問前になると必ず胃痛を起こすほど不安感や緊張感が大きかった。
・文字盤での会話のため，本人の思いをどこまでくみ取れているのか心配になる。また，文字盤を使用することで時間がかかり，本人が疲れてしまうことが気にかかる。文字盤での会話に時間をかけるより，別の援助をもっと提供した方がいいのか悩むことがある。

●うまくいったことなど
・文字盤での会話，ヘルパーからの声かけの際には，本人の目を見て，笑顔で接するようにすると，本人も笑顔を返し，時間がかかる文字盤での会話にも根気よく付き合ってくれるようになった。

●その他
・「ヘルパーで対応できる医療的ケアには、さまざまな制限がある」ことに対しての理解が得られず、最初は厳しい表情のままだったので、ヘルパーは複雑な気持ちで援助に入っていた。
・初めての援助内容だったが2人介助であったため、心強かった。
・文字盤を使用しての会話に対して、慣れないヘルパーを気遣い、分かりやすい言葉を選び会話しようとする。ヘルパーが訪問し、少しでも楽しい時間を過ごしてもらえたらと思い冗談をいうと、顔全体で笑ってくれる。本人なりの心遣いを感じ、うれしく、やりがいを感じる瞬間がある。

> **Q3** ヘルパーの行う医療的ケアに制限があることへの理解は、どのように得ればいいでしょうか？ ヘルパーが矢面に立たされることが多いのですが……。

Q2 利用者に、感染の可能性がある場合、どう対応すればよいか、誰に聞けばいいですか？

A 主治医をはじめ、医療・看護職にすぐに報告し対応を検討することが必要です（結核などの場合は、保健センターへの届け出が義務付けられています）。一方で、事業所運営の責務として、感染症対策や予防に関する「マニュアル」を作成するなどして、感染症に関する知識を高めサービス提供を行うことが求められています。「介護・福祉サービス第三者評価事業（福祉サービスをより質の高いものにするために、福祉施設・事業所に対して第三者が専門的客観的な立場から評価を行うこと。評価結果は公表され、福祉サービスを利用する方へ情報提供される）」でも評価項目の一つに挙げられています。
　つまり事業所内で感染症対策の専門的知識を高めるために、定期的な研修の実施や、医療看護の専門職を配置するなどの対策を講じる必要があるということです。

Q3 ヘルパーの行う医療的ケアに制限があることへの理解は、どのように得ればいいでしょうか？ ヘルパーが矢面に立たされることが多いのですが……。

A ヘルパーは利用者と顔を合わせる機会が多く、利用者にとって医療・看護職よりも身近に感じられることが多いことから「何事も頼みやすい、いいやすい」立場にあるのだと思われます。事業所の規則上、国の制度上、定められていることの理解を利用者に説明し同意を得るためには、「頼まれやすい立場」をうまく活用する方法もありますが、逆に日々の援助がやりにくくなるようであれば、ヘルパーだけでなく、ケアマネジャーや、医療・看護職などからも、法令で定められている旨をくり返し利用者に説明することが必要でしょう。
　2012（平成24）年4月から「社会福祉士及び介護福祉士法」の一部改正により、「平成26年度までの介護福祉士を含め、一定の研修を修了していなければ、たん吸引の実施を行えない」とされ、たん吸引の範囲は、「口腔内、鼻腔内、気管カニューレ内部」とし、「咽頭の手前までを限度とする」ことになっています。
　担当ヘルパーやサービス提供責任者からは、ヘルパーが継続して訪問できるようにするため、利用者に安全かつ安心なサービス提供を行う対応であることを利用者に伝え、理解を得るようにしましょう。

第1章のまとめ

　病状が進行し，自らの思いを意のままに伝達しにくい状況に置かれた利用者の心境は，どのようなものでしょう。進行性の疾患の場合，利用者が，刻々と変化していく自分自身の病状や身体状況に対する受容がどの程度かを把握し理解することが重要です。

　特に医療的ケアに対して，ヘルパー自身が初めて経験する不安や緊張があるのはもちろんですが，利用者自身も同様に，「介護職が医療的ケアに対応する」ということに大きな不安や緊張を抱いていることを想定しておく必要があります。ヘルパーが早く手技を習得しようとすればするほど，手技自体に意識が集中し，利用者の不安や緊張を置き去りにしている可能性があるのではないかということです。

　全事例に共通しているのは，ヘルパーの手技の習得のため，時間をかけて準備することで，利用者自身の不安や緊張が「ヘルパーに任せられる」という信頼に変わっていくことです。一方で，本来なら利用者の信頼を得た段階で，スムーズな訪問に移行していけばよいのですが，医療的ケアの経験の少なさから慎重に対応するあまり，必要以上に時間をかけすぎたととらえられることがあります。利用者の「信頼」が，「もどかしさ」や「いらだち」に変わっている場合があるということも見逃せません。

　「①意思」の事例では，意思の伝達にもどかしさを感じる利用者からの「痛切な思いと本音」に触れて，「利用者本人の思いをしっかり受け止める余裕のなさ」に気づかされます。また「利用者とのコミュニケーションを図り，利用者の理解を深めることの重要性」がたびたび経過の中に記されています。

　今後さらに医療的ケアを進めていくにあたり，手技の習得はもちろん，利用者の意思を理解し尊重できるよう利用者とコミュニケーションを適切に図れるようにすることが，基本姿勢として求められるのではないかと思います。

第2章

家族との役割分担について考える

　家族と介護の役割や分担を確認しておくことは，援助関係を構築していくうえで重要です。ヘルパーには家族が感じている介護に対する不安に寄り添い，理解する姿勢が求められます。医療的ケアでは，家族が安心してヘルパーに任せてもらえるよう，より慎重に，ヘルパーが対応するケアの範囲や急変時の連絡などを確認することが必要です。家族とヘルパーの役割分担は，どのように進めていけばよいでしょうか。

1 見守り
―― 体調悪化を心配して自己注射を促してほしい家族

1 ケース概要

事例の概要	女性，74歳。 　本人は下肢筋力低下による歩行困難な状態であり，自分自身の買い物・洗濯・掃除・整理整頓等ができないため，通院介助を含め，ヘルパーを利用してきた。糖尿病に起因する腎臓の状態悪化のため検査入院となった。検査の結果，血糖値コントロールのために，インスリンの自己注射が必要となる。毎日本人が適切に注射できるように，ヘルパーによる見守り・声かけの依頼があった。
家族状況	〈ジェノグラム〉　〈家族構成〉 長男：主たる介護者であるが，脳梗塞後の麻痺があり，生活面，全てにおいてヘルパーの援助を受けている。
生活歴等	・夫と2人で自営業を営んでいたが，夫の他界後に事業が倒産し，長男との2人暮らしの生活が始まる。 ・長男は会社勤務をしていたが，脳梗塞を発症し，その後麻痺が残る。現在は，年金収入のみ。アパートでの2人暮らしをしている。
心身の状況	認知症自立度　正常／寝たきり老人自立度　B2／要介護3 〈主な病歴・疾患など〉 　糖尿病 〈現在の治療状況〉 　血糖値コントロールのためのインスリン自己注射をしている。 〈服薬状況〉 　週2回の訪問看護で管理している。
日常生活とコミュニケーション	〈ADL〉 寝返り：自力で可能。 起き上がり：ベッドのギャッジアップ機能を利用しヘルパーの介助で可能。 移乗：自力では不可。ヘルパーの介助が必要。 歩行：自力では不可。室内は這って移動する。外出時は車いすを使用している。

入浴：自力では不可。デイサービスの利用時に実施し，それ以外はヘルパーによる清拭を適宜実施している。
食事：咀嚼力・嚥下力はあり，介助の必要はない。糖尿病による制限食が必要。
着脱：上半身部分は自力で可能。その他の部分はヘルパーで介助している。
排泄：排尿はパンツ式オムツ・尿取りパッドを使用し，ヘルパーが交換対応をしている。排便は訪問看護師が摘便対応している。
〈コミュニケーション〉
意思の伝達・決定：問題なし。
視力・聴力：普通

訪問介護計画

〈本人の意向〉
　糖尿病の症状や腎臓機能の悪化を予防し，人工透析にならないよう気をつけたい。なるべく長男に負担をかけず，このまま2人の生活を続けたい。

〈家族（長男）の意向〉
　人工透析が必要な状態になると大変であることは理解しているので，避けられるように自覚を持ってもらいたい。寝てばかりいないで体を動かし，少しでも動けるようになってもらいたい。

〈援助目標〉
　定期的にヘルパーが訪問し，定められた範囲内で医療的ケアを含めた介護援助を実施する。
　今後も2人で在宅生活が維持できるよう，ケアマネジャーを中心に，医療を含むケアチームで連けいを図っていく。

〈援助内容〉
医療的ケア：インスリンの自己注射の見守り・必要時は促しを行う。
排泄介助：パンツ式オムツ・尿取パッドの交換。
清拭：適宜，陰部洗浄・部分清拭・手足浴の実施。
調理：制限食の準備・配膳。
デイサービス送り出し：デイサービス利用時の準備・送り出し。
通院介助：タクシーを利用。
夜間対応型訪問介護

〈週間スケジュール〉

	月	火	水	木	金	土	日
午前	訪問介護	訪問介護	訪問介護	訪問介護 通所介護	訪問介護	訪問介護	訪問介護
午後	訪問介護 夜間対応	訪問看護 夜間対応	訪問介護 夜間対応	訪問介護 夜間対応	訪問看護 夜間対応	訪問介護 夜間対応	訪問介護 夜間対応

	〈訪問介護以外の支援サービス〉 ・福祉用具貸与：ベッド・車いす ・配食サービス ・医療機関：訪問看護（週に2回，火・金）
医療的 ケアの 実施内容	インスリン自己注射の見守り・促し
医療 従事者との 連携	血糖値をコントロールするためのインスリンの自己注射を，本人が適切にできるよう，ヘルパーによる見守り・声かけの依頼に対応するために，訪問前の事前研修の相談を行う。本人は入院中の練習で，ある程度の手技が習得できていることを踏まえ，本人宅で，訪問看護師から具体的な内容の指導を受ける。
リスク 対　策	ヘルパー訪問時の急変・自己注射時の混乱等が発生した場合，訪問看護師と連携をとりながら対応していく。

2　支援経過

日時	訪問経過	分析・考察・所感
2月9日	〈カンファレンス〉 検査入院先の病院にて 　退院に向けた確認。主治医から、ヘルパーによるインスリン自己注射の見守り・必要時、促しの必要性を求められる。	同居の長男・本人の理解力から判断して、ヘルパーの関わりが必要と考えられる。
2月12日	ヘルパーによる、インスリン自己注射、手技の見守り等の指示を主治医に仰ぐ。	主治医から、本人の集中力の低下時を考慮すると、「見守りの必要性がある」との意見を受け取る。
2月16日	〈事前指導〉 本人宅 　本人、担当ヘルパー全員が出席し、訪問看護師から、具体的な手技の内容の指導を受ける（使用後の針の取り扱いを含む）。	担当ヘルパー全員に配布された取り扱い説明書を基に説明を受けたこと、また本人の手技を実際に確認したことで、各ヘルパーの理解は高まったと考えられる。
3月17日	今後、週間スケジュールに基づき、インスリンの自己注射の見守り・制限食の提供を含む訪問介護計画を実施していく。	本人の状況の変化に伴う対応は、遂次ケアマネジャーを通じて、関係機関と迅速に連携をとっていきたい。

3　担当者の所感及び考察

■サービス提供責任者より

●苦労したことや留意点など

本人の病状などに対する同居の長男の理解力や、長男が抱えている介護ストレスを、本人に発散すること（口調を荒立てるなど）、ヘルパー業務に支障をきたさないよう、頻回に訪問し理解を求めていかなければならない点。

> **Q1** 家族が利用者に対する病識が低い場合、どのように対応すればいいでしょうか？

●疑問点や不安であったことなど

・室内の整理整頓が全くできない生活状況で、自己注射後の使用済の注射針の保管場所の確保。

> **Q2** 使用済みの注射針の扱い方を教えてください。

・使用済みの注射針を誤ってヘルパーなどが刺してしまう危険があること。

●うまくいったことなど

・本人のヘルパーの受け入れは、以前より良好である。
・同じヘルパーが引き続き担当したため、自己注射の促しが加わっても、特に問題はなかった。

■ヘルパーより

●苦労したことや留意点など

ヘルパー訪問活動中、長男の言動に受け答えをしながら援助を行わざるを得ない点。

●疑問点や不安であったことなど

・制限食はもっぱら冷凍食となった。長男が注文するが、経済的な状況から安価で単調なメニュー、献立のものが多くなり、本人の食欲低下につながらないか不安に思われる。

●うまくいったことなど

本人が、予想以上に自己注射の手技や手順を理解できており、ヘルパーは見守る程度で済んだ。

Q1 家族が利用者に対する病識が低い場合，どのように対応すればいいでしょうか？

A 　介護者である家族の介護力やストレスの度合い，心身状況を把握したうえで，家族にどこまで利用者の病状の理解を求めるかという課題があります。伝える情報量やタイミングなどに注意を払いながら，できるだけ具体的な説明を家族に行いたいものです。糖尿病の場合であれば，病院が作成しているパンフレットなどを活用し，利用者宅に備え付けるなど視覚に訴える手段も有効でしょう。
　家族には，医師の診察時に同席を依頼したり，関係者が集まるカンファレンスに参加を依頼したりするなどして，利用者の病状や最新情報を共有していくとよいでしょう。

Q2 使用済みの注射針の扱い方を教えてください。

A 　使用済みの注射針はペットボトルやびんなどふたがある入れ物に入れるようにします。やむなくヘルパーが注射針を拾わなければならない時は，刺さらないよう，棒のようなもので引きよせ，トングのような挟める物を使用すると安全です（手袋では注射針が刺さる恐れがあります）。ヘルパーがベッドメイキングしたりゴミ袋を出したりする時，注射針がないか注意する必要があります。

2 促 し
——老老介護の医療的ケアを支えるには

1 ケース概要

事例の概要	男性，81歳。 　肺炎で入院した際，胃ろう造設をした。退院後に，ヘルパーを再開する。医療的ケアとして，①本人に対する注入食対応を妻が正しく行えるように，ヘルパーが妻に声かけ，促し，見守りを行っている。また，②注入食に係る周辺用具の準備と片付け，軽度な褥瘡の処置としてガーゼ交換のみをヘルパーが対応している。
家族状況	〈ジェノグラム〉　　〈家族構成〉 妻：主たる介護者である。2人暮らし。 長女：近所に居住し，ほぼ毎晩本人宅を訪問。 二女：可能な限り訪問している。
生活歴等	定年まで会社勤務していた。定年後に現住所へ転居した。
心身の状況	認知症自立度　Ⅱa／寝たきり老人自立度　J2／要介護2 〈主な病歴・疾患など〉 　変形性腰椎症，糖尿病，S字結腸閉塞により人工肛門造設，胃ろう造設，認知症 〈現在の治療状況〉 　医療的には安定しており，現在まで容態の急変は発生していない。定期往診，訪問看護により，常に身体状況の管理が行われている。 〈服薬状況〉 午前：インシュリン注射，夕方：精神安定剤服用
日常生活とコミュニケーション	〈ADL〉 寝返り：自力で可能。 起き上がり：促しの声かけを行い，手を添えて導くと可能。 移乗：転倒防止のため，手を添えて安全確保を行うと可能。 歩行：室内の短距離歩行は手を添えて安全確保を行うと可能。外出時は，車いすを利用する。

入浴：デイサービスの利用時に，入浴している。
食事：胃ろうによる経管栄養。
着脱：全介助。
排泄：全介助。排尿はバルーンカテーテルを留置している。排便は人工肛門を造設している。
〈コミュニケーション〉
視力：普通（メガネ使用）
聴力：補聴器を利用し，辛うじて聞こえる。耳元で，大きくゆっくりと声かけを行う必要がある。
意思の伝達・決定：こちらの言葉かけは理解できている。

訪問介護計画

〈本人の意向〉
　このまま在宅生活を送りたい。
〈家族の意向〉
　各サービスを利用しながら，在宅生活を続けさせてあげたい。
〈援助目標〉
　安全安心に在宅生活が維持・継続できるように支援する。
〈援助内容〉
医療的ケア：軽度褥瘡部のガーゼ交換，胃ろうからの経管栄養対応の準備と片付け。
その他：妻が，本人へ行う援助に対する声かけと見守り。
〈週間スケジュール〉

	月	火	水	木	金	土	日
午前	訪問介護 訪問看護	訪問介護 訪問看護 デイサービス	訪問介護 訪問看護	訪問介護 訪問看護 往診(隔週)	訪問介護 訪問看護 デイサービス	訪問介護 訪問看護	訪問介護
午後	訪問介護	訪問介護 訪問看護	訪問介護	訪問介護	訪問介護 訪問看護	訪問介護	訪問介護

〈訪問介護以外の支援サービス〉
・医療機関：往診（2週間に1回），訪問看護（週に6日）。
・家族等の支援：近所に長女家族が居住しており，家族の支援がある。

医療的ケアの実施内容

・軽度な褥瘡の処置として，ガーゼ交換のみを行う。
・妻への注入食の注入の声かけ，促し，見守りを行う。
・注入食に係る周辺用具の準備と片付けを行う。

医療従事者との連携	・本人宅に訪問看護師の緊急連絡先を掲示している。 ・訪問看護の臨時訪問が可能な状態になっており，介護職で判断困難な状態になっても，困ることは発生していない。適宜，医療的アドバイスをもらっている。
リスク対策	・低血糖のリスクが高く配慮を要する。 ・介護職でのケアでは，栄養剤注入中・終了後の逆流防止に配慮している。

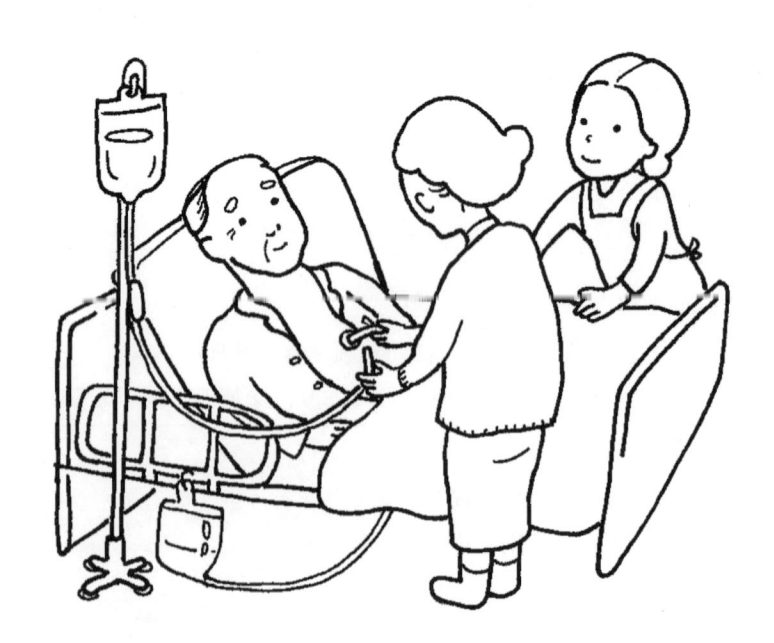

2　支援経過

日時	訪問経過	分析・考察・所感
1月10日	経口摂食が不可能となり，胃ろう造設の検討が始まる。 →翌日，胃ろう造設の手術を行う。	
3月23日	療養型病院へ転院する。	
4月10日	5月に退院が決定する。在宅支援体制の検討を開始する。	
4月15日	〈ケアカンファレンス〉 　ケアマネジャーの主催で，本人及び家族の意向の確認をする。在宅生活を送るために必要な医療・介護の支援体制を検討する。その中で，介護職で対応可能な援助内容を精査する。妻が注入食の対応を行うが，1人では不安があるため，経管栄養（胃ろう）に係る補助業務をヘルパーが対応する。	介護職の医療的ケアについて，必要な申請書類を作成し，手続きを開始する。 経管栄養に係る物品類は看護師が管理することとなる。
4月20日 4月21日	看護師から各ヘルパーへ，介護職が対応する医療的ケアについての講義を受ける（計2回）。講義内容は，PEG（経皮内視鏡的胃ろう造設術）の構造と種類（概要）の説明。 ・本人に造設されたPEGの形状と種類。 ・注入食の滴下速度による身体への負担。 ・逆流等による突発的な生体反応のリスク。 ・医療行為と医療的ケアの範囲。 ・介護職での対応可能範囲・手順等の詳細確認。 ・医療と介護職の連けいについて確認。	経管栄養摂取に係る補助業務について，看護師から指導を受ける。
5月6日	本人が退院した。同日夕方から訪問を開始する。 看護師と共に訪問し，本人の状態を確認する。	
5月16日	ケアマネジャーから，褥瘡が発症したため，夕方のガーゼ交換のみ介護職対応の協力依頼を受ける。 →介護職で対応が可能かどうか，事業所内の医療・看護サポートチームへ相談する。 →ケアマネジャー・看護師・事業所内看護師・サービス提供責任者が本人宅に訪問し検証する。 →看護師とヘルパーの連けいを協議する。介護職の対応が可能な範囲を確定する。同日夕方から，ヘルパーによる対応を開始する。	軽度な褥瘡の処置対応として，医療的ケア対応の申請を順次開始する。 各ヘルパーへ対応を周知する。

〈その後〉
・PEG交換の定期入院はあるが，疾病による入院は発生していない。
・判断に困ることは，すぐに医療職へ相談できる体制が確立されており，医療職も非常に協力的である。

3 担当者の所感及び考察

サービス提供責任者より

●苦労したことや留意点など
・リスク管理面で,医療情報や本人の身体状況をヘルパーへ周知徹底することに留意した。
・訪問当初,介護者である妻とヘルパーの支援手順のタイミングが合わず,互いに慣れるまで時間を要した。
・高齢である妻の体調や理解に応じた働きかけを行うよう留意した。

●疑問点や不安であったことなど
・介護職としてどこまで対応が可能か,また対応する際に発生し得るリスクは,何かという部分に不安と疑問が強かった。
・医療に関する専門用語を各ヘルパーが理解しやすいように伝えることに不安があった。

●うまくいったことなど
・本人の心身状態が非常に安定しているため,事前研修の内容がスムーズに実行できた。
・介護職の対応が可能な範囲を明確にし,各ヘルパーに周知できたこと。

●その他
・医療職のサポートが得られたため,介護職でも安心して援助に関わることができた。

ヘルパーより

●苦労したことや留意点など
・注入用ボトルやチューブが予想外に詰まり,滴下ができないことが発生し,対応に困ることがあった。
・褥瘡の発生が頻回になり,そのたびに指示を受け,褥瘡悪化防止策の補助支援の対応に苦労した。
・速やかに医療に連絡するよう留意した。
・妻の自尊心を傷つけないように,かつ的確に手順を伝えることに苦心した。
・妻とヘルパーのタイミングを合わせることに留意した。

●疑問点や不安であったことなど
・滴下速度が安定せず,常に微調整が必要で,速度変化が本人の身体に負担になるのではないかと不安があった。
・看護師から指示された通りの滴下速度では滴下できず,どの程度までの速度変化が許容範囲なのか疑問に思うことがあった。

●うまくいったことなど
・医療職との密な連携が図れていたため,困ったことや疑問点は気軽に相談し助言を仰

> **Q1** 医療専門職からの指示通りに実際うまくいかない場合,現場でどう対応すればいいでしょうか?

ぐことができた。
・軽度の褥瘡の早期発見・早期報告により,悪化防止に協力ができたこと。
●その他
・体調の波により,立位・歩行が不安になることがたびたびあり,転倒防止の観点から,適切な歩行・移動介助の方法を検討することが大変だった。

Q1 医療専門職からの指示通りに実際うまくいかない場合,現場でどう対応すればいいでしょうか?

A 　ヘルパー単独で判断するのではなく,まず医療・看護職へ現状報告を行いましょう。医療的ケアでは,利用者の病状や取り巻く環境が刻々と変化することが多いので,最新の情報を関わる者が共有することが重要です。特に医療・看護職には,迅速に利用者の病状や身体状況の変化を伝えることで,医療的ケアの方法の見直し,ひいてはケアプランや訪問介護計画の見直しにつながることが多いようです。現状の方法が指示通りにいかない場合は,利用者と取り巻く状況が変化したと考えて,速やかに別の方法を検討する必要があるのかどうか,医療・看護職の指示を仰ぐようにしましょう。

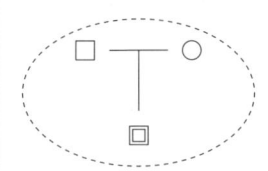

3 観　察
——仕事との両立を図る母親の支援と緊急時の対応

1　ケース概要

事例の概要	男性，30歳。 　幼少の頃に構音障害，歩行障害，意識障害，左麻痺，眼球運動制限などが出現し入院し治療を受ける。いったん症状は改善し退院するが，運動失調，意識消失を伴うけいれん発作が出現する。その後も顔面神経麻痺，嚥下障害などが出現する。多発性硬化症と類似しているが，原因は不明とのこと。日常の介護は両親が行い，日中，母の就労時に訪問看護を中心に訪問介護，デイサービスを利用し，けいれん発作が起こった場合には，各関係機関が医療からの指示を受け対応している。
家族状況	〈ジェノグラム〉　　〈家族構成〉 □—○ 　｜ 　□ 母：主たる介護者として全面的に介護している。就労の合間に自宅に戻り介護している。 父：母と一緒に介護にあたっている。昼間は就労している。
生活歴等	発病するまでは通学し，ソフトボールなどスポーツにも取り組んでいた。
心身の状況	身体障害者手帳（1種1級） 〈主な病歴・疾患など〉 ・原因不明の構音障害，歩行障害，意識障害，麻痺，意識消失を伴うけいれん発作などが出現する。 〈現在の治療状況〉 　2週間に1回，主治医が往診している。 〈服薬状況〉 　けいれん発作時には坐薬を挿入する。
日常生活とコミュニケーション	〈ADL〉 寝返り：全介助が必要。 起き上がり：全介助が必要。 移乗：全介助が必要。

歩行：全介助が必要。介助により，つかまることができる。短時間の立
　　位は可能。左足が内側に入りやすい。
入浴：全介助が必要。デイサービス，自宅で入浴している。
食事：嚥下機能が低下している。刻み食で対応している。飲み物にはと
　　ろみをつけることがある。
着脱：全介助が必要。
排泄：全介助でトイレで排泄している。パンツ式オムツを着用している。
〈コミュニケーション〉
視力：視力低下（ステロイドの副作用）
聴力：普通
意思の伝達・決定：構音障害があり，発声が難しい。座位より臥床した
　　体勢の方が発声しやすい。理解力は問題ない。

訪問介護計画

〈家族（母親）の意向〉
　普段は母が介護しているが，母の就労時はヘルパーにて排泄介助，水分補給，見守り，けいれん発作時の対応を依頼したい。

〈援助目標〉
　家族の留守中，本人が安心して過ごせるように介護を行う。
　常時，介護が必要であるため，家族が不在の間，ヘルパーで排泄介助，水分補給，見守りを行う。訪問中にけいれん発作があれば，速やかに座薬を挿入し，医療機関，家族へ連絡する。

〈援助内容〉
医療的ケア：けいれん発作時に座薬を挿入し，医療機関，母親に連絡。
　　座薬を挿入後15分経過しても状態が収まらない時は救急車を要請する。
排泄介助：2人介助にてトイレで排泄介助。
食事介助：ゼリー・プリン，とろみをつけたお茶などを口元まで運ぶ。

〈週間スケジュール〉

	月	火	水	木	金	土	日
午前	デイサービス	訪問介護	訪問介護	デイサービス	訪問介護		
午後	デイサービス		訪問看護往診(隔週)	デイサービス			

〈訪問介護以外の支援サービス〉
・福祉用具貸与：ベッド，車いす
・医療機関：主治医往診（2週間に1回），訪問看護（週に1回），総合病院（入院時）

医療的ケアの実施内容	座薬挿入
医療従事者との連携	母から実施内容を書面で受け取る。訪問看護の指示で，援助を開始する。けいれん発作時には座薬を挿入するという内容で手技の事前研修はない。けいれん発作が起こった時の連絡体制と座薬挿入の方法，その後の対応について指示を受ける。
リスク対策	・ヘルパー2人介助のうち，1人は本人の状態に集中し，1人は外部との連絡役となる。 ・けいれん発作時は一刻を争うため，先に座薬を挿入してから，医療機関に連絡する。けいれん発作かどうか分からない時は，先に主治医に連絡する。様子が普段と違う場合は訪問看護が対応することとなっている。

2 支援経過

日時	訪問経過	分析・考察・所感
4月8日	〈事前面接〉 サービス提供責任者と管理者で事前面接。	本人は穏やかな様子で、にこやかに挨拶をされる。母親の温かい介護の様子がうかがえる。
4月18日	以前から訪問していた他事業所のヘルパーに同行する。	同行時の医療的ケアはなし。その他の援助内容について引継ぎを受ける。
4月18日	母親からけいれん発作時の対応を文書で受け取る。同時に訪問看護から同じ指示を受ける。けいれん発作時の座薬挿入のための手技の研修はできない。 担当ヘルパーに対応方法の説明を行う。	けいれん発作が疑われる時に、発作かどうかを見極められるか心配があったが、どのように発作が現れるのかを細かく指示をもらえたので、本人の様子をしっかり観察することが重要であると理解した。
5月1日	〈初回訪問〉 医療的ケアはなかった。排泄介助の際に介助で立位をとってもらうが、膝から脱力して転倒しないように十分注意する。水分補給の際、むせることがあるのでゆっくりと行う。	母親の留守中、安心して過ごせるようにしていきたい。
7月17日	足のけいれんがあり、主治医の指示でセルシン錠を服薬してもらった。	服薬対応をしている。足のけいれんがあっても、見極めが難しかったため、主治医に確認をした。
9月30日	けいれん発作が治まらないため1か月間入院することとなる。	

1月9日	けいれん発作が起こったため座薬を挿入した。主治医と母親に連絡する。母親の帰宅までの間、援助時間を延長する。本人は落ち着いている。	
2月20日	左足のけいれんがあり主治医に報告すると、座薬挿入の指示がある。母親に連絡する。	ヘルパーはけいれん発作の状況を判断して、医療に連絡対応している。主治医も訪問看護師とも連携がとれ、落ちついて対応できている。
4月9日	けいれん発作があり、坐薬を挿入する。主治医、母親に連絡する。	
7月28日	排泄介助の際にふらつきがあるが、元気に過ごせている。しばらくけいれん発作は起きていない。笑ったり、泣いたり、感情の豊かな様子がうかがえる。	本人が安心してヘルパーとの時間を過ごせていることにうれしく思われる。声にはしないが「ありがとう」とゆっくり手を合わせる。

3　担当者の所感及び考察

▰サービス提供責任者より
●苦労したことや留意点など
　本人の状態をよく観察して発作の前兆（指示書の通り）を見逃さないよう，ヘルパーに指示をした。また，医療機関との連携を密にするため，細かなことでも看護師に相談した。
●疑問点や不安であったことなど
　けいれんの状態を見逃さないか，速やかに座薬の挿入ができるのか心配であった。
●うまくいったことなど
　2人介助の1人をサービス提供責任者にしたことで，本人の様子をタイムリーに把握することができた。医療機関，家族とも連携がうまく行き，不安なく訪問できている。

▰ヘルパーより
●苦労したことや留意点など
　母親や主治医の指示に従って訪問活動を行った。けいれん発作の前兆を見逃さないよう観察し，対応できるよう気をつけた。
●疑問点や不安であったことなど
　いつ起こるか分からない発作に，常に緊張していた。発作かどうか不明の状態の時は，すぐに主治医に連絡し指示を受けた。
　水分補給の際，とろみの加減などが，なかなかうまくいかなかった。
●うまくいったことなど
　発作の時は，医療と連携し，素早く対応できた。
●その他
　言葉を発せないため，伝えようとする内容を理解できず，もっと分かり合いたいと考えている。本人の笑顔を見るとホッとする。

第2章のまとめ

　家族が行っていた医療的ケアをヘルパーが対応する場合、家族の要望を把握し、援助の目的を把握することでヘルパーとの役割分担が明確になり、本人・家族ともに、安心で効果的な援助の達成が可能となるのではないでしょうか。

　「①見守り」では、長男の介護ストレスを理解し、介護疲れを軽減することが援助目標の一つと考えられます。ヘルパーによる医療的ケアを実施することで、長男の精神的な安定を目指し、「長男に負担をかけず、2人の生活を継続したい」という利用者の意向の実現につながっていきます。

　「②促し」における援助は、これまで妻の果たした介護の役割を評価し、安全な医療的ケアを継続することが目標として挙げられます。介護者である妻の自尊心を尊重することがヘルパーの役割の一つといえるでしょう。

　緊急時に備えるため、家族とヘルパーとの役割分担をしているのは「③観察」です。家族が仕事などで不在にしている時に、利用者の身体状況の急変に対応するというヘルパーの精神的な緊張度が高い援助ですが、急変時の対応や連絡体制などリスク管理を徹底することで、母親の仕事と介護の両立という目標を達成しています。

　訪問介護計画に示される援助目標に「家族など介護者の介護疲れの予防や軽減を行う」という内容があります。介護者が「献身的に行っている介護を継続できるため」や「仕事を続けながら、無理なく介護ができるため」あるいは「介護疲れやストレスなどの負荷を軽減するため」などの理由から、家族が行う介護の一端をヘルパーが担い、目標の達成を目指すというものです。訪問介護計画に具体的な目標を設定することで、家族とヘルパーとの役割分担がより明確になります。

第3章

医療機関・事業者との協働について考える

　医療的ケアでは，医師や看護師など医療機関との円滑な協働が必須です。要介護認定，障害程度区分が重度であると判定された場合ほど，多種類のサービスが関わる可能性が高いでしょう。医療機関，事業者間がそれぞれ連携し，緊密な情報共有を行うために，どのような協働のあり方が考えられるでしょうか。

① 手　順
―― 多種類の薬と塗布の部位を，慎重に把握します

1　ケース概要

事例の概要	男性，80歳。 　パーキンソン病の進行によるADL（日常生活動作）の低下や介護者である長女の病気の悪化によりヘルパー訪問を開始する。閉塞性動脈硬化症のため両下肢に潰瘍があるが糖尿病の合併症もあり，難治化している。入退院をくり返し，両下肢の潰瘍の状態が悪化したため，医師の指示の元，軟膏の塗布を行うようになった。塗布の手技は，長女から指導を受け実施している。 　毎回，ヘルパーが入浴介助の後，皮膚の状態を観察し，両下肢に軟膏を塗布，ガーゼで保護して包帯を巻く援助であるが，両下肢ともに疾患の影響から皮膚の状態の変化が激しく，塗布する軟膏，ガーゼ・テープ等，症状によって細かく分けられている。 　「足の清潔を保ち，足の観察を行い，多種類の足の外用薬を塗布する」という指示があるが，症状の判断が非常に難しくリスクを伴う作業である。
家族状況	〈ジェノグラム〉　　　〈家族構成〉 　　　　　　　　　　長女：同居しているが，就労中のため昼間は不在である。
生活歴等	定年まで会社勤務をしていた。
心身の状況	認知症自立度　Ⅱa／寝たきり老人自立度　B2／身体障害者手帳（1種2級）／要介護5 〈主な病歴・疾患など〉 　閉塞性動脈硬化症，糖尿病，変形性腰椎膝関節症，くも膜下出血，パーキンソン病

	〈現在の治療状況〉 ・左第1指，第3指，と右第5指に潰瘍がある。皮膚全体が脆弱である。 ・パーキンソン病に関する服薬治療を行っている。 〈服薬状況〉 　マイザー軟膏（潰瘍に使用），プロペト（全身に保湿に使用），アンティベート（潰瘍に使用）
日常生活とコミュニケーション	〈ADL〉 寝返り：自立 起き上がり：手を添えるなどの介護が必要である。 移乗：体を支えて，全介助で行う。 歩行：壁など伝いながら歩く。外出時は車いすを使用している。 入浴：シャワー浴を全介助で行う。 食事：むせることがあるため，見守りが必要である。 着脱・排泄：全介助で対応する。 〈コミュニケーション〉 視力：普通。 聴力：普通。
訪問介護計画	〈本人の意向〉 　住み慣れた自宅で末永く生活がしたい。 〈家族の意向〉 　介護サービスを利用せずに，就労しながら父の介護を行っていたが，自分自身が病気がちで，自分だけで父を支えるのが大変になってきた。今後，就労時も父が安全に生活できるようにしてほしい。 〈援助目標〉 　安心して生活していただくよう，安全に留意し入浴介助を行う。 〈援助内容〉 医療的ケア（入浴後，両足の軟膏塗布とガーゼ交換） 衣類着脱介助・入浴介助（シャワー浴・洗髪・洗身） 〈週間スケジュール〉

	月	火	水	木	金	土	日
午前	訪問介護	デイサービス	訪問介護	デイサービス	訪問介護		
午後							

	〈訪問介護以外の支援サービス〉 ・デイサービス ・夜間訪問介護（随時訪問） ・医療機関：総合病院を月に1回，受診している。
医療的 ケアの 実施内容	両下肢の軟膏塗布，ガーゼ保護
医療 従事者との 連携	・総合病院の勤務医が主治医であり，ケアマネジャーを介して連けいを図ったが，タイミング良く連絡がとれなかった。　　**Q1** 主治医と連絡がとりにくいとき，どのような対応が考えられますか？
リスク 対策	・塗布の部位や薬の種類を間違うことで病状が悪化すること。 ・パーキンソン病による移動時の転倒の可能性がある。

2　支援経過

日時	訪問経過	分析・考察・所感
1月7日	〈サービス担当者会議〉 　入浴介助後の軟膏の塗布を依頼される。医師の指示があればヘルパーで対応可能である旨を伝えた。	
1月9日	〈長女来所〉 　病院が出した「看護情報提供」と「退院療養計画書」を受領した。「退院療養計画書」に、ヘルパーでの薬の塗布の必要性がある旨の記載内容を確認し、入浴後の軟膏塗布対応を行う。	
1月10日	〈訪問〉 　ヘルパーの入浴介助時に同行し、長女から塗布の手順について指示を受け、訪問介護計画書（手順書）に追記する。	本人のパーキンソン病の病状が進行し、以前より転倒のリスクが高く、状況によっては入浴介助を中止する必要があると思われる。
1月14日	〈引継ぎ同行〉 　ヘルパー交代のため訪問する。 　訪問介護計画書（手順書）を参考にしながら、入浴介助を行う。	
1月26日	本人の左足が非常にむくんでいるとヘルパーから連絡。 →長女へ連絡し、本人の身体状況に関する情報提供を行い、早速、臨時で通院することとなった。	
3月21日	〈サービス担当者会議〉 　本人のパーキンソン病の状況により、入浴介助の際、危険が伴うようであれば、入浴中止の判断を行うように提案する。	
7月15日	ここ最近、本人のADLの低下が見られると、ヘルパーから連絡。 →ヘルパーからの報告後、本人は通院した。	
7月17日	ヘルパー訪問活動中、本人の身体状況の確認を行う。長女から今後のサービスについて相談があったため、ケアマネジャーと協議中である旨を伝える。	本人が2日前自宅で転倒したと長女から報告を受ける。

7月20日	確かにADLの低下が見られるものの，やや回復傾向にあるとのこと。歩行器での歩行も可能であるとのこと。 →担当ヘルパーへ申し送る。	身体状況の日内変動・週間変動があるため，本人の観察を怠らない。
7月27日	〈サービス担当者会議〉 　最近のADLの低下により，介護量が増大している。新たなサービス導入を検討した結果，夜間対応型訪問介護の導入が決まった。	夜間時の緊急訪問は夜間対応型訪問介護で対応する。
8月4日	入浴後の薬の塗布について，追加の指示を長女から受ける。顔全体に「顔用」プロペト，口の周囲に軟膏の塗布，両足に傷の部分にゲンタシン塗布が追加となった。各ヘルパーへ申し送る。	
9月19日	〈サービス担当者会議〉 　福祉用具の導入と，要介護認定の区分変更の検討を行う。ヘルパーの援助内容は現状維持だが，ADLの低下及び皮膚の状態が悪化した場合は，ヘルパーと訪問看護の2人介助などの変更が必要である旨を伝える。	
10月24日	入浴前に口腔ケアをするプランを立ててもらい，スポンジブラシとガーグルを使用して口腔ケアをヘルパーが行うことを提案。	いったん口の中に入れた食べ物を再度吐き出すことの抵抗感を，口腔ケアの方法で緩和できるかを提案する。
2月5日	本人が自宅で転倒し，頭を打ったと，長女から連絡。通院したが打撲程度のため，異常はないとの報告を受ける。 　ケアマネジャー・各ヘルパーへ申し送った。	ADLの低下があり，ヘルパーへ身体状況について，随時報告するよう伝える。
2月8日	ADLの低下がみられ洗髪対応のみ行う。歩行状態，皮膚の状態が悪化しており，入浴後のフットケア時には塗布する軟膏が増えたとヘルパーの報告を受ける。	訪問し本人の病状の確認を行う必要がある。
2月10日	〈訪　問〉 ヘルパー訪問活動中 　モニタリングを行う。パーキンソン病の進行の伴う状態の悪化がみられる。長女から「ケアマネジャーから室内でも車いすを使用してはどうか」と提案されていることを聞く。	いすでの座位保持が困難になってきている。ADLは確実に低下している。

2月26日	〈サービス担当者会議〉 　今後の援助内容の検討を行う。 　入浴介助後のフットケアについて，両下肢に軟膏を塗布し，ガーゼで保護。ゲートルで足全体を巻き上げるといった医療的ケアがあり，長女が不在の場合，臨時でサービス提供責任者が訪問している状態を報告する。 　ケアマネジャーから訪問看護の導入について提案があり，安全を考慮したケアを行うには訪問看護への移行は妥当である旨を伝えた。	ケアマネジャーから訪問看護の提案があったことで，長女やヘルパーの心的負担の軽減につながると思われる。
4月7日	〈サービス担当者会議〉 　要介護認定更新に伴い，今後の支援体制について協議を行う。再度，訪問看護の導入を協議し，皮膚科へ受診した後指示書を受けたうえで，ヘルパーと訪問看護師での2人対応での入浴介助を行うこととなった。	本人の皮膚疾患の状態悪化に伴い，医療的処置の度合いが強くなったため，訪問看護の導入に至った。

3　担当者の所感及び考察

▰サービス提供責任者より
●苦労したことや留意点など
・タイミング良く医療に関する相談ができなかった。
●疑問点や不安であったことなど
・当初，まだ，事業所内に医療的ケアのマニュアルがなく，本当にこの対応でよいのか不安になることがあった。
●うまくいったことなど
・ケアマネジャーと連けいし，サービス担当者会議での提案でヘルパーと訪問看護の2人派遣につなげたこと。
●その他
・導入された訪問看護が普段から連携が密な事業所であったため，迅速な情報共有が行えた。

▰ヘルパーより
●苦労したことや留意点など
・ゲートルを使用して包帯を巻く方法に苦慮した。
・包帯を巻く際，強弱の調整が必要なため，神経を集中して行った。
・その日の体調により歩行器の進み具合など移動や移乗の際の転倒のリスクがあった。
●疑問点や不安であったことなど
・どの薬をどの患部に塗布するのか，判断に迷うことが多かった。
・長女が不在の際は，ヘルパー1人での対応が困難であったため，サービス提供責任者を呼び対応することがあった。
・傷の種類により，塗布する軟膏が数種類にわたるため，ヘルパーで対応してよいかどうか迷うことがあった。
・傷の具合の変化に応じて，ゲートルの巻き方や強弱を変えるのが大変だった。
●うまくいったことなど
・分かりやすい手順書があったので援助内容の進め方に迷うことはほとんどなかった。

Q1 主治医と連絡がとりにくいとき，どのような対応が考えられますか？

A 　ケアマネジャーを通じて，主治医との連絡方法を事前に確認しておきましょう。医療ソーシャルワーカー（主に病院において「疾病を有する患者等が，地域や家庭において自立した生活を送ることができるよう，社会福祉の立場から，患者や家族の抱える心理的・社会的な問題の解決・調整を援助し，社会復帰の促進を図る」専門職を指す）の配置や，患者の退院調整や医師との連絡調整の役割を担う相談室が設置されているので，ケアマネジャーを通じて，連絡調整を依頼してみましょう。

2 快　方
――ヘルパーと医師との密な連けいで状態改善

1　ケース概要

事例の概要	男性，72歳。 　脳梗塞による右片麻痺があり，日中もベッドでの生活が主体である。臀部に発赤が認められ，主治医から褥瘡予防と発赤の治療のため，手作りパッドの交換の指示を受ける（ラップ療法）。排泄介助時にヘルパーがパット交換を行った結果，約40日で治癒した。
家族状況	〈ジェノグラム〉　〈家族構成〉 妻：死去。 長男：同居だが就労中のため昼間独居。 二男：あまり交流がない。
生活歴等	自営業で一家を養い生計を立ててきた。
心身の状況	認知症自立度　Ⅱa／寝たきり老人自立度　B1／要介護4 〈主な病歴・疾患など〉 　脳梗塞右片麻痺，高血圧症 〈現在の治療状況〉 　足の浮腫のため血管外科で手術を行ったが，浮腫は改善しなかった。 〈服薬状況〉 　血圧降下剤
日常生活とコミュニケーション	〈ADL〉 寝返り：自立 起き上がり：側臥位からタオルを利用して起き上がる。 移乗：自立。体調により一部介助が必要。 歩行：室内は介助にて歩行可能。 入浴：週1回のデイサービスで入浴を行う。 食事：朝食は果物（ヘルパーが準備），昼と夜は配食サービスを利用する。 着脱：下着や靴下，ズボンなど脱ぐ時の介助が必要。 排泄：ヘルパーが移乗の際，介助し，ポータブルトイレを利用する。

	〈コミュニケーション〉 ・意思の伝達・決定：できる。
訪問介護計画	〈本人の意向〉 　1人の時間が不安である。デイサービス利用やヘルパー訪問で在宅生活を支えてもらいたい。 〈家族（長男）の意向〉 　仕事があるため日中の介護全般をヘルパーに依頼したい。買物，ヘルパー訪問活動日以外の食事介助，体位変換は行っていく。 〈援助目標〉 　身体状況に合わせて，移乗介助や排泄介助，食事介助を行い，在宅生活が継続できるように支援する。 〈援助内容〉 午前の訪問介護：バイタルチェック，服薬確認，朝食準備，排泄介助 　（ポータブルトイレへの移乗介助，パンツ式オムツを交換）。 午後の訪問介護：服薬確認，配食サービスを温めて配膳する。排泄介助 　（ポータブルトイレへの移乗介助，パンツ式オムツを交換〉 〈週間スケジュール〉 |	月	火	水	木	金	土	日
---	---	---	---	---	---	---	---
午前	訪問介護 配食	訪問介護	訪問介護 デイサービス	訪問介護 配食	訪問介護 訪問看護 配食	訪問介護 配食	訪問介護 配食
午後	訪問介護 配食	訪問介護 配食	デイサービス 訪問介護 配食	訪問介護 配食	訪問介護 配食	訪問介護 配食	訪問介護 配食	 〈訪問介護以外の支援サービス〉 ・デイサービスは週1回 ・医療機関：医師の往診，訪問看護は週1回。
医療的ケアの実施内容	・軽度の褥瘡の処置（ラップ療法）：患部を清潔に保ち，医師手作りのパットを貼付することにより，褥瘡の予防と治療を行う。
医療従事者との連携	・医師の手作りパットの貼付方法を，医師から直接，ケアマネジャー，ヘルパー，サービス提供責任者に指導を受ける。 ・デイサービスの医師・看護師，訪問看護師も患部観察を行っており，変化があれば相互に連絡を行う。

	・医師からの医療的ケアの指示書等の書類を,各担当ヘルパーに配布する。
リスク対策	・1日2回のヘルパー訪問のため,急変時の対応が早く行える。 ・変化や異常がある場合,ケアマネジャーから医師や訪問看護師に連絡。ケアマネジャーが不在の時は,直接医師に問い合わせることが可能。 ・医師の往診は不定期であったが,ラップ療法治療中は,週1回定期的な往診となる。

2　支援経過

日時	訪問経過	分析・考察・所感
4月4日	デイサービスの医師から「臀部の発赤が褥瘡になりかけているので，清拭をていねいにしてほしい（温かいタオルで，こすらずに汚れを落とす）」とケアマネジャーから連絡。発赤に関しては，来週，主治医から薬を処方してもらおうと思っているとのこと。	
4月6日	明日往診があり，ヘルパーへの周知内容を確認してもらいたいので，同席してほしいとケアマネジャーから連絡。	
4月7日	〈訪　問〉 　医師の診察に同席する。医師から，短時間でも褥瘡になることがある。患部は破れておらず，パットをあてることで，悪化を予防できるため，ラップ療法を行いたいとの説明を受ける。 　ラップを使った手作りのパットを持ってくるので，ヘルパーで交換をして欲しい，との依頼があった。また，デイサービスでも看護師がパット交換をすることとする。	褥瘡処置には迅速な対応が効果的であることを学ぶ。 　ラップ療法は「消毒をしない」「乾かさない」治療で，湿潤状態を保持し，傷を優しく包んで治療する方法であることを学ぶ。 　パットは，「尿とりパットを患部に合わせて切り，蒸れないように穴を開けたラップでくるんだもの」であった。
4月8日	〈訪　問〉 　ヘルパー訪問活動時に，医師が手作りパットを持参する。他の担当ヘルパーも同席し，手作りのパッドの使い方，手順を医師から学ぶ。同席した長男が，ラップ療法の説明を聞き同意する。長男が在宅時は，体位変換をするようにと医師からアドバイスがあった。また，マットは柔らかいものがよいので，10日にマット交換するとのこと。 →各ヘルパーにパット交換の手順を周知する。	ヘルパー，サービス提供責任者ともにラップ療法を知らなかったため，患部への貼付方法を見学することで，安心してパット交換することができた。

4月9日 〜 4月11日	〈ヘルパー同行〉 　訪問活動時にパットの貼布が問題なく行われているか確認する。本人から「痛みがやわらいできた」とのこと。患部からの浸出液もなく大きな変化はない。9日にはサービス提供責任者によるモニタリングを依頼。支援に問題ないことを確認しケアマネジャーに報告する。	本人は臀部の痛みのため、座位が保てなくなっていたが、パットを貼付することで、座位保持が可能となった。 　全担当ヘルパーの目の前で実技を行わなければ、指示通りの貼付方法を行えないことを実感する。適宜、サービス提供責任者がヘルパーに同行して様子を確認する。
5月20日	デイサービスの看護師の判断で、パット交換が行われていないとの報告をサービス提供責任者から受ける。 →ケアマネジャーが医師に確認すると、状態がよくなっており「治癒」とする。パット交換は本日で終了との返答を得る。 →各ヘルパーに、パット貼付終了を周知する。	

Q1 医療的ケアに関して、関係者の間で対応が異なる場合、最終的にだれの指示に従えばいいでしょうか？

A 　ケアマネジャーから医療・看護職に確認してもらうなどして、医師と看護師の指示の相違を予防する必要があります。また、各関係者が把握している情報にタイムラグがある可能性がありますので、関係者の持つ情報が最新か、同じ内容を共有できているかを確認しましょう。そのうえで現状に見合った最新の対応の指示を仰ぐようにしましょう。

3 担当者の所感及び考察

■サービス提供責任者より
●苦労したことや留意点など
・関わるヘルパーが多く（8人），各ヘルパーに医師の指示通り貼布するよう周知するのに時間がかかった。
・デイサービスでもパット交換を行っていたが，<u>デイサービスの看護師の判断と医師の指示が異なることがあり，そのつど確認しなければならなかった。</u>
・同じ部位にテープで止めるとかゆくなるので，パットを貼る位置を変えていくなど，ヘルパーへの連絡が多くあった。

> **Q1** 医療的ケアに関して，関係者の間で対応が異なる場合，最終的にだれの指示に従えばいいでしょうか？

●疑問点や不安であったことなど
・日中，便や尿でパットが汚れていても，本人自らパット交換ができないので，患部が悪化しないかの心配があった。

●うまくいったことなど
・発赤が確認された時点で，ラップ治療を行ったため，褥瘡にならず40日で治癒した。
・パットを貼付して，すぐに臀部の痛みの訴えがなくなり，座位保持で食事が取れるようになった。

●その他
　医師から直接指示を受けたことにより，貼付方法が的確に理解できヘルパーに周知しやすかった。

■ヘルパーより
●苦労したことや留意点など
・30分の援助時間で，医師の指示通り，患部を清潔にしてパット交換を行えるかどうか，時間配分に苦労した。

●疑問点や不安であったことなど
・次のヘルパーが訪問するまで，パットがずれていないか，便や尿がパットの中まで入っていないか心配だった。

●うまくいったことなど
・ヘルパーの連けいプレーがうまくできていた。
・座位が保てるようになり，食事（栄養）も取れるようになった。

3 葛　藤
──本人の意向と事業者間，制度との狭間で

1　ケース概要

事例の概要	男性，55歳。 　妻と長男との3人暮らし。ALS（筋萎縮性側索硬化症）を発症して以降，妻と長男が分担して介護を行っていたが，妻と長男の介護負担の軽減のため，入浴・食事の介助のためヘルパー訪問を開始する。病状の進行に伴い胃ろう造設をした。その後むせることが多くなり，口腔内のたん吸引の希望が出たため，医療的ケアを開始する。
家族状況	〈ジェノグラム〉　〈家族構成〉 妻：キーパーソンであり主たる介護者。夫の自営業を引き継いでいる。 長男：本人の介護をできるだけ手伝っている。
生活歴等	握力の低下や呂律が回らないなどの症状が出てから，自営業を妻に引き継ぐ。外出の機会が減り，インターネットを通じて自作のホームページで同じ趣味の仲間と交流している。
心身の状況	認知症自立度　正常／寝たきり老人自立度　C2／身体障害者手帳（1種1級）／要介護5 〈主な病歴・疾患など〉 　ALS 〈現在の治療状況〉 　週に2回往診がある。不定期で総合病院へ受診している。平日は毎日，訪問看護を利用している。
日常生活とコミュニケーション	〈ADL〉 寝返り：自力ではできない。 起き上がり：全介助だが，ベッドのギャッジアップ機能を利用すれば自力でできる。 移乗：立ち上がりに介助が必要。支えがあれば，立位保持はできる。 歩行：できない。 入浴：シャワーキャリーを使用し，シャワー浴を行っている。

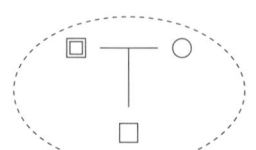

訪問介護計画	食事：胃ろう対応。 着脱：全介助である。 排泄：排尿は尿瓶を使用し全介助。排便はパンツ式オムツを使用し，全介助である。訪問看護が摘便を行っている。 〈コミュニケーション〉 意思の伝達・決定：文字盤・意思伝達装置を使用している。 〈本人の意向〉 　身体状態の変化が急速であるため，自分自身の心理状態を平静に保つことが難しい。自分の思いがうまく伝わらず，精神的に不安定になる。自分自身の身体状況や精神状態に合わせて必要なところを援助してほしい。 〈家族の意向〉 　本人の思いを尊重して，支援してほしい。 〈援助目標〉 　在宅生活を継続できるために，関係機関・専門職が連携し，身体状況に応じた身体の保清や排泄介助・栄養摂取を支援する。 〈援助内容〉 鼻腔・口腔からの吸引（本人の希望時，主治医の指示の範囲で実施） 〈週間スケジュール〉 |	月	火	水	木	金	土	日
---	---	---	---	---	---	---	---
午前	深夜～ 夜間対応型 訪問介護 訪問看護	深夜～ 夜間対応型 訪問介護 訪問看護 往診	深夜～ 夜間対応型 訪問介護 訪問看護 訪問リハビリ	深夜～ 夜間対応型 訪問介護 訪問看護	深夜～ 夜間対応型 訪問介護 訪問看護 往診	深夜～ 夜間対応型 訪問介護 訪問リハビリ	深夜～ 重度訪問介護
午後	重度訪問介護 訪問介護 重度訪問介護 訪問介護 重度訪問介護	重度訪問介護 訪問介護 重度訪問介護 訪問介護 重度訪問介護	重度訪問介護 訪問介護 重度訪問介護 訪問介護 重度訪問介護	重度訪問介護 訪問介護 重度訪問介護 訪問介護 重度訪問介護	重度訪問介護 訪問介護 重度訪問介護 訪問介護 重度訪問介護	重度訪問介護 訪問介護 重度訪問介護 訪問介護 重度訪問介護	重度訪問介護 訪問介護 重度訪問介護 訪問介護 重度訪問介護	 〈訪問介護以外の支援サービス〉 ・医療機関：訪問リハビリ，往診週2回，訪問看護。 ・家族等の支援：協力的
医療的ケアの実施内容	たんの吸引

医療従事者との連携	平日は毎日訪問看護師が関わっており、日常の病状を把握している。サービス担当者会議を開催する際、救急搬送時の注意点などを記した緊急対応マニュアルを確認している。
リスク対策	緊急時は、主治医か訪問看護師に連絡する。

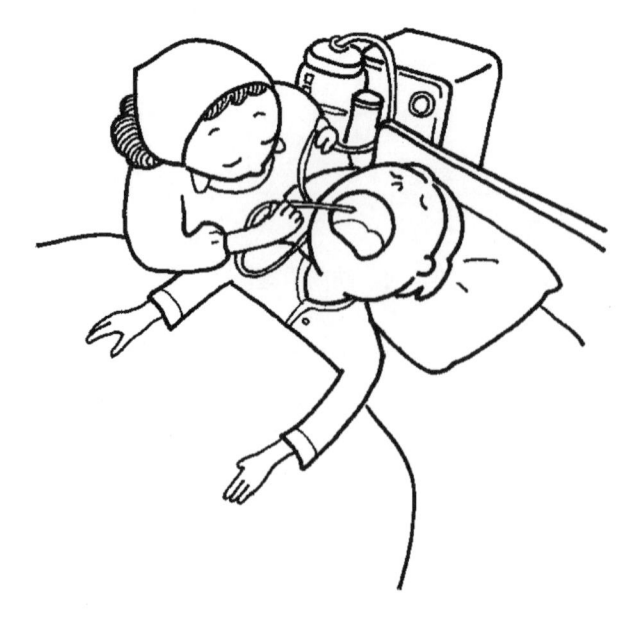

2 支援経過

日時	訪問経過	分析・考察・所感
2月8日	〈事前面接・初回同行〉 　入浴介助や食事介助などヘルパー訪問を開始する。	家族の熱心な介護の様子が見受けられる。
4月10日	〈サービス担当者会議〉 　主治医から、病状の進行に関する現状と最終的な予測を知らされる。 　本人の意向で、人工呼吸器・気管切開・胃ろうの処置はしないと決める。	医療職から、最終の病状を本人に伝え、判断を任せていた。
7月9日	友人と会うため旅行することになり、拒否し続けていた胃ろう造設をする。主治医は常設を目的としていたが、暑い時期の水分補給が目的である一時的な処置として本人が了解した。	本人は胃ろうからの注入食は拒否し、少しでも長く経口摂取ができるように、食べ物の形状の工夫や言語聴覚士からの指導を受け、舌のマッサージを行う。
9月9日	電話でのコミュニケーションが難しくなり、サービス提供責任者との連絡はメールを使用することとなる。	
10月3日	今後、介護量が増大することを見越して、自宅の住宅改修を行う。	病状の進行や予後に対する本人の受容を感じる。
10月23日	夜間対応型訪問介護の利用を開始する。	24時間体制で、介護者がいる一方、1人の時間が減り、プライバシーが保てなくなったことを不自由に感じている様子である。
1月20日	円滑にコミュニケーションを図るために、文字盤を使用することを依頼される。	そのつど、口頭で確認していた介護の指示が難しくなる。本人の意思確認に時間を要する。

1月30日	嚥下状態が低下し，唾液が飲み込みにくくなっているため，たんが喉に詰まった時の緊急救命措置として医療的ケアの実施の希望が出る。	
6月24日	1日に必要な経管栄養食の経口摂取が困難になっているため，本人から胃ろうによる注入食の要望が出る。	食事中にむせることが増えてきた。経口摂取が億劫になり体重が低下しているが，食べ物の形状を工夫して経口摂取できるよう言語聴覚士と連携した。
7月10日	妻が扱いやすいよう，ポンプで胃ろう注入を実施する。	
4月2日	〈サービス担当者会議〉 　家族の負担軽減のため，夜間対応型訪問介護と訪問介護で24時間体制のヘルパー派遣に訪問計画の組み直しを行う。	
8月4日	本人から連絡 　現在，咽頭部の手前まで吸引をしてもらっているが，もう少し奥までできないか。再度訪問看護師から手技を習ってほしいとのこと。 →介護職で対応可能な吸引の範囲を本人と家族・ケアマネジャーで再度確認する。緊急時（たんが詰まった時の救命措置）に限る咽頭奥までの手技を習う。 **Q1** 決められた範囲外の医療的ケアを要求され，ヘルパーが断ったさい，利用者から不満等をぶつけられているヘルパーに対し，サービス提供責任者として対応できることはありますか？	「咽頭部の奥までたん吸引してほしい」。 <u>本人の不満な表情がヘルパーにストレスとなっている。</u>
10月16日	〈本人から連絡〉 　常時，咽頭手前までの吸引では，緊急時に咽頭奥まで吸引ができるのかとの問合せがある。 →事業所としてできないことを再度伝える。 →咽頭の奥まで吸引の希望がある時は家族を呼ぶ。	咽頭部手前の吸引では，たんが除去できないことに対して理解できる一方，医療的ケアにおけるジレンマを感じる。

3　担当者の所感及び考察

サービス提供責任者より

●苦労したことや留意点など

　本人の病状の進行が早く，最新の情報共有をするのに苦労した。貸与携帯電話のメールを活用し，常に最新情報がヘルパーに伝わるよう留意した。

●疑問点や不安であったことなど

・多くの事業所が関わることで，吸引方法にばらつきが出ていること。
・各ヘルパーは週1回の担当であり，1週間ごとに，本人の病状の進行などの情報を把握することになり，本人との意思疎通が図りにくいことがあった。
・1回当たりの訪問が長く，ほぼ毎日訪問している夜間対応型訪問介護ヘルパーは，コミュニケーションがとりにくい本人の意向を即座に理解し，容易に状態把握ができている。

●うまくいったことなど

・言語聴覚士と連携し，食べ物の形状の工夫・舌のマッサージなどの指導を受け，本人と関われた。
・関係機関同士の連携が良好で，介助方法を習う時には事業所を越えて協力ができた。

ヘルパーより

●苦労したことや留意点など

・訪問看護師からていねいな指導を受け，たん吸引の練習をさせてもらった。ただ，本人から希望が出て実際に対応するまでに日にちが経ち，初めての吸引では，焦ってしまい，手に汗を握る思いだった。毎回，緊張して実施している。

●疑問点や不安であったことなど

・ADLが低下していくにつれ，本人から「たん吸引のカテーテル挿入を喉の奥まで入れてほしい」と希望が出るようになった。5〜10センチの挿入では，たんがほとんど取れない状態であるため，本人が苦しそうな表情のままでありとまどった。
・咽頭手前までの吸引で，本人がすっきりした気持ちになれず，吸引ができているかどうか不安になる。

●うまくいったことなど

・唾液の吸引の時だけでも，すっきりとした表情が見られると，安堵する。
・本人がヘルパーに対して，信頼してくれていることが感じられ，うれしく思う。

●その他

・医療的ケアの実施前から本人と関わっており，本人の在宅生活に対する強い希望を知っている。家族以外の援助者がたん吸引の対応ができなければ，在宅生活を継続することはできない。医療的ケアを必要とする本人が，自分の人生を選択するにあたり，

ヘルパーでの医療的ケアの対応がいかに重要で,必要とされているか感じることができた。
・本人の人生観・考え方に寄り添うことを学び,成長できたと思っている。

Q1 決められた範囲外の医療的ケアを要求され,ヘルパーが断ったさい,利用者から不満等をぶつけられているヘルパーに対し,サービス提供責任者として対応できることはありますか?

A 　生命に関わるリスクを含んでいること,事業所として負える責任の範囲があること,制度上定められていることを利用者本人だけでなく,家族などにも説明し了解を得ておくことが重要です。また利用者自身が「頭では理解できているが,気持ちが収まらない」といった感情面での不満を訴える場合があります。いずれにしても,一方的な説明を行うのではなく,利用者の心情に沿い共感できることで,気持ちが落ち着くなら説明自体が不要の場合もあるので,傾聴をこころがけることを第一に考えましょう。

4 連携
―― 関係者は本人の思いを，どのように実現できたか

1 ケース概要

事例の概要	女性，53歳。 　歩行の際違和感を感じ，シャイ・ドレーガー症候群との診断を受ける。数年後，訪問介護の利用を開始する。翌年，転倒による骨折のためADLが低下し，排泄・着脱・食事の介助が必要となる。障害施策と介護保険サービスを併用し家族や本人のニーズに応じた援助を行う。誤嚥性肺炎による入院中に病状が進行し，声門の閉鎖による呼吸障害が出たため気管支を切開する。また，嚥下障害もあったため，胃ろう造設，経管栄養となる。在宅での療養生活は困難との病院の判断であったが，本人の帰宅願望が強く，家族も含め，「これが最期の在宅」と決断し退院となる。
家族状況	〈ジェノグラム〉　〈家族構成〉 　　　　　　　　　夫：病気で倒れ入院中。 　　　　　　　　　長女：主たる介護者。同居している。看護師として三交代勤務がある。
生活歴	他県に生まれる。「食べる」ことが好きである。
心身の状況	認知症自立度　自立／寝たきり老人自立度　C2／身体障害者手帳（1種2級）／要介護5 〈主な病歴・疾患など〉 ・シャイ・ドレーガー症候群，右大腿骨頸部骨折，誤嚥性肺炎，胃ろう造設，気管支切開 〈現在の治療状況〉 ・2週間に1回の往診でカニューレの交換が行われている。 ・平日は毎日，訪問看護が入っている。

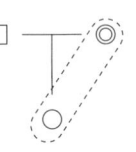

日常生活と コミュニ ケーション	〈ADL〉 寝返り：エアマットを利用し，全介助により，定期的な体位変換を行う。 起き上がり：自力では不可である。ベッドのギャッジアップを使用するが起立性貧血があるため，十分な観察・確認が必要である。 移乗：リフトを使用した全介助対応である。家族はリフトを使用せずに車いすへ移乗介助をしている。 歩行：歩行は不可のため，車いすで介助して移動している。 入浴：自力では不可のため，週に2回訪問入浴を利用している。 食事：1日に3回，胃ろうからの注入を行う。誤嚥の可能性があるため，経口摂取は，主治医から危険と判断されている。本人の希望で，食べたい物を味わう程度の経口摂取を介助する。トロミの加減や量，摂取後の吸引や観察の手順を家族と申し合わせて行う。 着脱：全介助で対応している。着替えのパジャマは本人が選んでいる。 排泄：排尿はバルーンカテーテルを留置している。排便は訪問看護による排便管理を行っている。 〈コミュニケーション〉 視力：疾病により照明に弱く，まぶしく感じる。 聴力：普通。 意思の伝達・決定：気管切開をしているが，スピーチカニューレ（人工の喉）にて発語は可能である。病気の進行により口腔・頬等の筋肉が萎縮し，口を動かすことや声を出すことが困難になる。手指の振戦があるため文字盤の使用は難しい。「意思伝達装置」を用いてコミュニケーションを図るため，言語聴覚士とリハビリを行っている。
訪問介護 計　画	〈本人の意向〉 「話したい，食べたい，泳ぎたい，歩きたい。喉の渇きがつらい。みんなのお陰で頑張れる。ありがとう。（ケアプランより抜粋）」 〈家族（長女）の意向〉 　退院時，ここまで元気になれると思ってもみなかった。このまま少しでも長く在宅で一緒に生活したい。 〈援助目標〉 　ベッド上の生活割合を減らして車いすへ移乗することにより，気分転換を図る。保清・口腔ケア・吸引の介助で在宅での療養生活を安全・安心に過ごせるよう支援する。 〈援助内容〉 医療的ケア：訪問時・退出時・本人の希望時に気管支切開部・鼻腔・口腔からのたん吸引を行う。

食事介助：希望時に。トロミをつけたジュースやプリン・ゼリーを100 ccまで。
車いすへ移乗：リフトを使用して移乗。
口腔ケア・清拭：車いすで座っている間に介助する。就寝前の準備。
訪問看護の補助：褥瘡処置・排便コントロールの際の補助。
その他：発語機能の低下防止のため，本人と積極的にコミュニケーションを図る。

〈週間スケジュール〉

	月	火	水	木	金	土	日
午前	重度訪問介護 訪問看護	重度訪問介護 訪問看護	重度訪問介護 訪問リハビリ 訪問看護	重度訪問介護 訪問看護	重度訪問介護 訪問看護	重度訪問介護 訪問リハビリ	重度訪問介護
午後	重度訪問介護 訪問介護	重度訪問介護 訪問介護	重度訪問介護 訪問入浴 訪問介護	重度訪問介護 訪問介護 往診(隔週)	重度訪問介護 訪問介護	重度訪問介護 訪問入浴	重度訪問介護

〈訪問介護以外の支援サービス〉
・訪問入浴
・医療機関：主治医の往診（2週間に1回）。訪問看護（平日は毎日）。
・訪問リハビリ（言語療法，理学療法）。
・家族等の支援：協力的（長女が看護師）

医療的ケアの実施内容	たんの吸引
医療従事者との連携	同居の長女が医療従事者であり，日ごろの様子を含め，最も本人の病状を把握しているため，吸引指導は長女から受ける。
リスク対策	ヘルパー訪問時に状態の急変があった場合 →ケアマネジャーが作成した緊急時の対応表に従い連絡をする。

第3章　医療機関・事業者との協働について考える

2　支援経過

日時	訪問経過	分析・考察・所感
2月8日	〈面　接〉 　できる限り，現状生活を維持し，自立した在宅生活を希望しているとのこと。症状の進行により杖歩行による単独での外出が不安になってきた。買物介助などで訪問介護サービスを利用したい。	
2月13日	〈初回同行〉 　本人，外出のための準備をして，玄関で待っている。右手に杖を持ち歩行するため，左側に介助者が立ち，手を添える。	自宅内はバリアフリー対応である。
7月17日	<u>ヘルパーが訪問すると，本人から「自室で転倒した」との訴えがあり</u>，本人の希望で通院介助をする。診断の結果，右大腿骨骨折のため入院となる。	**Q1** 訪問外の時間に転倒や病状の変化があったことが分かったときは，どのように対応すればいいですか？
8月19日	〈サービス担当者会議（退院前）〉 　病状の進行と右大腿骨頸部骨折により，室内移動は車いすを使用するようになる。排泄時の衣類着脱や移乗・食事の配膳等に介助が必要となるが，長女の勤務が不規則なため，毎日のヘルパー利用となる。 　また，ADL低下を予防するため，訪問リハビリの利用も開始する。	
10月5日	〈医療的ケア〉（吸引開始） 　嚥下障害があり，水分はトロミをつける必要が出てきた。唾液を呑み込めず，口腔内に溜まるため苦しくなることが頻発する。前傾姿勢になって唾液を出そうとするが，うまく出せない。家族から吸引希望の申し出があり，担当ケアマネジャーと主治医と相談し，実施することとなる。吸引の手技については長女（医療従事者）から受ける。	嚥下力が低下し，食事介助に1時間以上時間がかかるようになる。
3月22日	本人，振戦が強く，喉がゴロゴロと鳴り，嚥下が困難な状態であるため，食事介助は途中で中止した。発熱のため服薬ができていないと訪問活動中のヘルパーから連絡。 →訪問看護へ連絡 　バイタルチェックし，すぐ入院の手配を行う。 →誤嚥性肺炎により入院した。	

6月16日	〈サービス担当者会議〉（退院前） 　誤嚥性肺炎のため、胃ろうを造設する。筋肉が萎縮し、声門が閉じて呼吸ができなくなったため、気管切開をする。経口摂取は誤嚥の危険性があり困難である。2時間おきに口腔・鼻腔・カニューレからの吸引を行っている。退院後も継続して吸引が必要となる。訪問看護・訪問リハビリ・訪問介護を利用しながら1日に3回のヘルパーを調整する。 　吸引の手技や手順・方法については、長女から指導を受ける。	今回の入院で、ADLが大きく低下する。 　気管切開したことで、会話がしづらくなる。 　「意思伝達装置」を使用した口腔リハビリを積極的に取り入れる。 　退院は困難ではないかと思われたが、本人の退院への希望が強い。日中1人の時間が多いことが課題だが、サービス提供事業者が頻回に訪問することで対応する。

> **Q2** 医療的ケアではないが病状から禁じられていること（食べたい、歩きたいなど）に対し本人から希望が出たら、その場でどのように対応すればいいでしょうか？

3月13日	<u>本人から「チョコレートを食べたい」との希望が出ている</u>とヘルパーから連絡。 →家族に対応してもらうよう申し送る。	この頃から「○○を食べたい」との訴えがくり返される。
7月20日	〈サービス担当者会議〉 　昨年の退院時から、徐々に状態が安定し、車いすへ移乗する時間が長くなった。また、家族と外出できるようになった。 　最近、本人から「食べたい。味わいたい。」という訴えが訪問中くり返されている。車いすに移乗した際には、必ず冷蔵庫内の食べ物をチェックしている。 　本人、家族も誤嚥性肺炎の危険性があると知りつつも、何とか経口摂取ができないかとの相談がある。誤嚥の危険性や介助方法について、ヘルパーでの対応が可能かどうか主治医・訪問看護師の見解も含め協議し介助することとなる。また、来春、長女の勤務体制が大きく変更するため、夜間や日中に1人になる時間が増大する。重度訪問介護を利用しヘルパーの体制を強化していく必要性がある。	以前からの本人の希望が実現できるかどうか、本人も交えての会議となる。主治医から危険性が高いと伝えられても、本人の意思に変化はなかった。 　ヘルパーへの引継ぎについては、家族から直接、引継ぎを中心に手順書を作成し間違いのないよう実施した。

8月26日	〈訪　問〉 　　病状は安定している。食事介助後はたんが多く出るため，吸引を多めにするようにする。	お茶・チョコレート・ゼリー等好きな物を食べているとのこと。病状が安定しており，長女と旅行や外出をすることが多くなる。
1月31日	〈ケアカンファレンス〉 　　経口摂取時に，気管切開部位から食べ物が吹き出ることがあるため，緊急対応と今後の介助方法の確認を行う。 ・頰をさする。 ・嚥下の練習をする。 ・頭部が前傾になるように，バスタオルを首の下に挟む。 ・口腔内に食べ物が入ったら「ごっくん」という音を聞いた後に次の食べ物を口に運ぶ。	
4月28日	〈ケアカンファレンス〉 　　家族（長女）の勤務の都合で，重度訪問介護の利用が大幅に増えるため，<u>各事業所の顔合わせや本人のケアをスムーズに行うための確認をする。</u> 本人から ・介護の動作に入る前に何をするか，必ず声をかけてほしい。 ・外出して図書館へ行きたい。 本人とのコミュニケーション ・「はい・いいえ」の会話から，コミュニケーションの糸口をつかむ。 ・よく使う言葉を「カード」にする。 病状 ・車いすへ移乗・座位の機会が増えることで起立性貧血（チアノーゼ）が起こることがある。 →顔色が悪い・体調不良の訴えがあれば，すぐに横になってもらう。 ・経口摂取により口腔内に唾液を溜め込んでしまっていることがある。 →こまめに吸引をすること。	4月から，家族の勤務形態が変わったことで，本人のプランも大幅な変更となる。新たな事業所が入るが，本人に負担がないように十分な引継ぎを行った。

Q3 複数の事業所が関わるときに確認すべき事項にはどのようなものがありますか？

12月11日	口腔周辺の筋肉に拘縮が見られ，口を閉じたまま開かないことがあり，息を吐き出すことができず苦しくなる。こうした症状が援助中に出る時は，大きく息を吸って吐くように声をかけるように，とケアマネジャーから連絡。 　退出時には気管切開部のふたを外して，内筒を挿入しておく。	
4月30日	本人逝去。 家族が朝起きて，吸引をしようとすると亡くなっていた。	突然の訃報にサービス提供責任者・ヘルパーともに驚く。

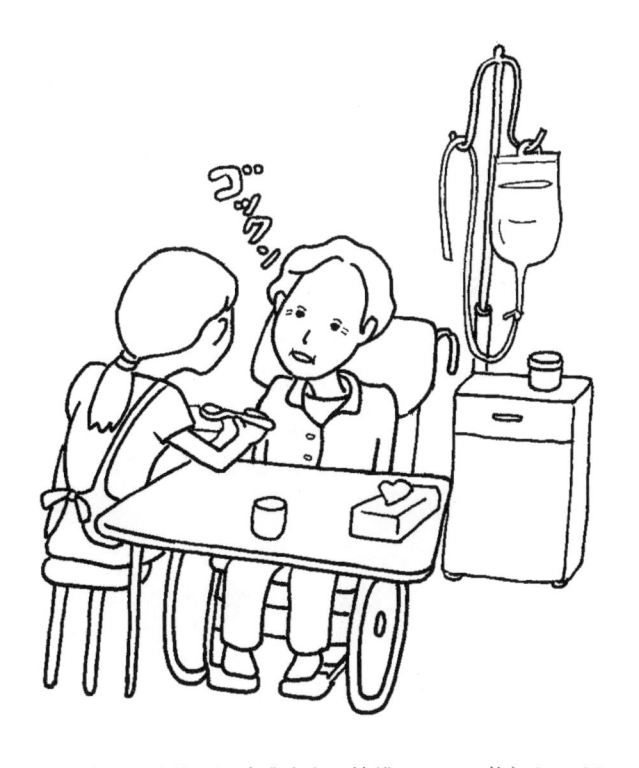

3 担当者の所感及び考察

▨サービス提供責任者より
●苦労したことや留意点など

　本人の発語機能が低下していく中で，本人の思いが聞き取れず，理解できないことがあり，どのように工夫していくかに苦慮した。文字盤や意思伝達装置を使用することで解消できないか，各関係機関や家族と相談を重ねてきた。結果的には本人のまばたきや目の動きを読み取るしかなく，コミュニケーションに時間を要した。

●疑問点や不安であったことなど
- 多系統萎縮症の病状や進行について勉強不足だったため，担当直後はヘルパーへの的確な申し送りやアドバイスができにくいことがあった。
- 食事介助を再開すべきかどうかの判断基準がなく，担当として迷った。誤嚥の危険性があるが，結果的に本人と家族の思い，各事業所間の連けいの緊密さから実施することにした。

●うまくいったことなど

　家族が医療従事者であったことや，訪問看護の補助でヘルパーが入っていたことで，不明な点や本人の病状をすぐに確認できた。介護保険と障害者制度の併用であったが，ケアマネジャーが中心となり，関係機関との連携がきっちりとれたことで，本人のニーズに的確に対応できた。

●その他
- 医療的ケアは，ヘルパーの負担についての家族の理解があり，ヘルパーの援助がやりやすい環境を整備してもらえた。衛生面の配慮，器具の用意など万全の体制があり，援助する側が安心して援助ができた。
- 長女からたん吸引の基本的なことや手技指導を直接受けることができ，長女が在宅時には，不明な点を常に聞くことができた。

▨ヘルパーより
●苦労したことや留意点など

　病状が進むにつれて，意思の疎通が難しくなり，本人の言葉や思いを聞き取れず，互いにつらい思いをした。
- カニューレのしくみについての説明を受け，本人の表情をうかがいながら介助ができた。

●疑問点や不安であったことなど
- カテーテルを差し込んだ時の本人の苦しそうな表情を見ながら介助する時は不安が大きかった。
- 連絡ノートを使い，他事業所と情報共有ができたこと，訪問看護師や理学療法士など

の補助で一緒に訪問できたことで，大きな不安はなかった。
● うまくいったことなど
　本人を含め，関係事業者の連けいが密にとれ情報共有ができた。
● その他
　自分自身がつらい状況であるのにもかかわらず，周囲への気配りがあり，いつも笑顔であったことが忘れられない。介助ができて，感謝の気持ちでいっぱいである。

Q1 訪問外の時間に転倒や病状の変化があったことが分かったときは，どのように対応すればいいですか？

A まず，サービス提供責任者やケアマネジャーに連絡し，医療・看護職につなぎ指示を仰いでください。家族がいる場合は，速やかに連絡をいれておきましょう。利用者本人に受診の要望がなくとも，受診の必要があるかもしれません。

　特に転倒して身体を打っている場合，利用者本人から詳細を具体的に聴取しましょう。後で痛みが出てきたり，骨折やひびが入っていたりしたことが分かることがあります。頭部を強打しているのであれば，内出血の可能性も考えられます。

　医療機関につなぐ時は，簡潔に状況を伝えるために，「いつ・どこで」「言葉の呂律はどうか」・「外傷・出血・吐血・下血・嘔吐・発熱・けいれん・痛み・麻痺・冷や汗・手指の振戦」などの有無」を確認します。利用者本人が「大丈夫」といわれても，時間をおいて症状が出ることを踏まえ，リスク管理の一環として考えておきたいものです。できれば事前に既往症やかかりつけ医などを把握しておくとよいでしょう。

Q2 医療的ケアではないが病状から禁じられていること（食べたい，歩きたいなど）に対し本人から希望が出たら，その場でどのように対応すればよいでしょうか？

A チームケアを意識して，その場ですぐに対応することは避けてください。利用者の要望はできるだけ実現したいのですが，ヘルパー単独で判断することで事故につながるリスクがあります。

　最終的には，利用者の意向を医学的観点や自立生活支援の観点，QOL（生活の質）の向上の観点から利用者本人，医療・看護職，ケアマネジャー，サービス提供責任者など関係者で検討を行い，必要であれば，カンファレンスなどで実施期間や方法などを検討し，ケアプランや訪問介護計画に明示し実施します。

Q3 複数の事業所が関わるときに確認すべき事項にはどのようなものがありますか？

A まず各事業所により援助内容が異なる場合がありますので，各事業所の援助内容を確認しておきましょう。

　援助開始以降は，利用者に関する心身状況の変化など情報共有をタイムリーに行い，リスク管理を徹底することが前提です。特に緊急時の対応などは，家族や医療，看護職を含め，どのような連絡体制をとるのかなどを整備しておきます。

　できれば定期的にカンファレンスなどで事業所が集まり，援助内容の確認や最新の情報を共有する場を設けることが必要です。

第3章のまとめ

　利用者の状態の変化に気づき，迅速に医療職へつなげるよう，関わるサービス事業者間での情報共有を行うことが，医療機関・事業者との協働には欠かせません。医療的ケアを必要とする利用者は，日々，身体状況などが変化しているため，最新の情報を把握しておかなければ，利用者の身体状況の悪化を引き起こす要因にもなり得ます。

　「①手順」では，後から導入された訪問看護との迅速な情報共有が図れました。部位や薬の種類など慎重に塗布しなければならないケアですが，随時サービス担当者会議を開催することで，利用者の状況変化の把握やリスク管理の徹底が図られています。

　主治医から直接，的確な指示を得られたため完治した「②快方」では，デイサービスや訪問看護を含めた共通認識と相互連絡が功を奏した結果につながっています。

　ALSの利用者が訪問介護を利用している場合，複数事業者が関わる場合が多いようです。高齢者・障害者のいずれの施策か，夜間対応型かどうかなど同じサービスメニューでも，援助内容はさまざまです。「③葛藤」では，各訪問介護事業者間の足並みがそろわないことでのジレンマが課題になっていますが，ケアマネジャーを中心とした協働の結果，援助の整理が図られています。

　「④連携」は，「口から食べたい」という利用者，家族の思いを実現できた好例です。身体状況の低下がある中，誤嚥の危険があるにもかかわらず，利用者の思いを優先できたのは，医療機関・事業者との協働が緊密に図れたからです。

　情報共有の手法として，定期的にサービス担当者会議やケアカンファレンスを開催する，細かなことでも自己判断で完結させず，ケアマネジャーや医療機関に連絡するなどがあります。いずれの場合も，利用者本人や家族の了解を得て，利用者に応じた対応を事前に整備しておきたいものです。

II 部
ターミナル期のケア

第4章

利用者への心理的支援について考える

　ヘルパーの支援において，利用者とのコミュニケーションは重要です。日々の支援の中で適切なコミュニケーションを行い，良い信頼関係を築くことで，援助の効果を高めていくことができます。ただ，ターミナル期を迎えている支援の場面では，身体的な苦痛や精神的な不安のある利用者もいて，ヘルパーとしてどのようにコミュニケーションを図っていけばよいのか悩むところです。現実に「死」と向かいあう利用者の心理的な理解を含め，ヘルパーとしてどのようなことに気をつけて支援していけばよいのでしょうか。

1 感　謝
――最後まで「その人らしい生活」を支援していく意味

1　ケース概要

事例の概要	男性，75歳。 　ヘルパー開始当初は週2回の生活援助で支援を行っていた。数年が経過し，本人が肺炎のために入院した際，検査で肺がん末期であることが判明した。余命は家族に告知されているが，<u>本人には告知されていない</u>。退院と同時に，ヘルパーの毎日訪問，訪問看護，往診が開始となる。ヘルパー再開当初から1か月は，身体状況等安定していたが，それ以降本人の身体状況が急激に悪化し，9月中旬に家族に看取られながら自宅で亡くなった。
家族状況	〈ジェノグラム〉　〈家族構成〉 妻：施設入所中。 　独居のため，家族が交代で，土日の日中に訪問し，身の回りの世話をしている。
生活歴等	認知症のある妻と長年，穏やかに暮らしてきた。肺炎のため入院し（妻は同時に施設に入所），検査の結果，肺がん末期であることが判明。同年7月初めに退院。本人は，「早く元気になり，妻を迎え入れないといけません」と退院当初は話していた。
心身の状況	認知症自立度　Ⅰ／寝たきり老人自立度　B1／要介護4 〈主な病歴・疾患など〉 ・甲状腺腫瘍 ・肺がん末期（告知していない） 〈現在の治療状況〉 ・在宅酸素療法 ・週1回，主治医が往診。 〈服薬状況〉 ・朝・昼・夕食後に内服薬あり。
日常生活とコミュニケーション	〈ADL〉 寝返り：自力で可能。 起き上がり：自力で可能。

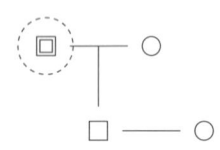

Q1 余命の告知がなされていない利用者への援助時に気をつけることはありますか？

移乗：自力で可能。
歩行：在宅酸素のチューブに足が引っ掛かると転倒の危険性があるため見守りの介助が必要。
入浴：シャワー浴対応。
食事：見守り介助。
着脱：自力で可能。
排泄：自力でトイレ（ポータブルトイレ）。
〈コミュニケーション〉
視力：細かい字はほとんど読めない。老眼鏡を使用。
聴力：日常会話に支障があると補聴器を購入。
意思の伝達・決定：問題なし。

訪問介護計画

〈本人の意向〉
　退院後自宅で生活したい。自宅で生活するために，家族，ヘルパーの援助を受けたい。
〈家族の意向〉
　退院後も本人が自宅で生活ができるように介護保険サービスを利用して援助してほしい。
〈援助目標〉
　生活力の維持を目的とし，自分自身で「できることはしたい」という意向を尊重し，本人のできない部分をヘルパーで支援する。
〈援助内容〉
　買物，掃除，洗濯，食事配膳，酸素濃縮器の精製水の補充，足浴，陰部清拭，服薬促し，室内移動の見守り介助，排泄介助，入浴介助。
〈週間スケジュール〉

	月	火	水	木	金	土	日
午前	訪問介護	訪問介護	訪問介護	訪問介護 往診	訪問介護	訪問介護	訪問介護
午後	訪問介護 訪問看護 訪問介護	訪問介護 訪問入浴 訪問介護	訪問介護 訪問介護	訪問介護 訪問介護	訪問介護 訪問看護 訪問介護	訪問介護	訪問介護

〈訪問介護以外の支援サービス〉
・訪問入浴（週1回）
・福祉用具貸与：ベッド，マット，車いす等
・配食サービス（昼）
・医療機関：主治医往診（週1回）訪問看護（週2回）
・家族等の支援：主に長男とその妻が身の回りの世話をしている。

2　支援経過

日時	訪問経過	分析・考察・所感
4月11日	〈サービス担当者会議〉（サービス提供責任者・ヘルパー） 　入院中の病院でサービス担当者会議が開催され，退院後の支援体制について確認する。スムーズにサービスが導入できるように，サービス提供責任者と一緒に定期訪問を予定しているヘルパーも同席する。 　ヘルパーが1日3回訪問し，支援を行うプランを確認。	在宅酸素を導入しており，身体的に無理はできない状況であるが，自宅での生活の希望があり，介護保険サービスを利用して退院後の生活を支援していくことになる。
4月20日	本日，訪問看護師と相談し，試行で7月25日に入浴介助を行うこととなった。ヘルパーと一緒に行いたいので，その日の昼のヘルパーを中止にして訪問看護と一緒に入浴介助をお願いしたいと担当ケアマネジャーから連絡。 →試行で7月25日にヘルパーと訪問看護師との2人で入浴介助を行う。試行の結果，今後，継続してヘルパーと訪問看護師とのペアでシャワー浴介助を行うこととなる。	本人から「清拭だけでは物足りない」とのこと。入浴の希望があり，今回の訪問看護師との入浴介助の導入となった。
5月4日	配食の弁当の変更の件で家族から連絡。昼の弁当はそのままだが，明日の夕食分から夕食は白ご飯のみを利用し，おかずをキャンセルするとのこと。弁当の味に飽きてきたためとのこと。 →担当ケアマネジャーに報告する。今後必要に応じて，夕方枠のヘルパーにて買物対応することで了解を得る。訪問介護計画の夕方の定期訪問時に買物援助を追加する。	食欲旺盛であり，食事をしっかり取って，早く元気になり，妻を家に迎え入れたいとの本人の強い意志を感じる。
5月25日	〈サービス担当者会議〉（サービス提供責任者） 　本人の状態が急に悪化したため，サービス内容の見直しを行う。酸素が3ℓから6ℓに増量され，機械も1台から2台に増えた。また加湿が必要になり，精製水も使うことになる。今後ヘルパーが訪問時に，ベッドのリクライニングの調整，精製水の補給，酸素のチューブが外れそうになっていないか，訪問時に確認を行うこととなる。	状態が悪化して，食事摂取量が減ってきている。排泄は自力でなんとかトイレに行き済ませている。排泄はトイレで済ませたいとの意向が強い。

6月13日	ポータブルトイレへの移乗介助を行ったが，介助があれば移乗できるが，自力では難しいと思われる。ポータブルトイレの位置を移動させたいと担当ヘルパーから報告。 →上記の申し出を，サービス提供責任者よりケアマネジャーに連絡し，ポータブルトイレの位置を変更することで了解を得る。		トイレへの移動ができなくなり，せめて，ヘルパーがいない時に，自力でポータブルトイレにて排泄したいとの本人の意向を尊重した。
6月25日	入浴介助が難しくなってきているので，訪問入浴サービスを来週から利用予定。6月30日にサービス担当者会議を開催し，正式に決まる。入浴介助は中止にしてほしいと担当ケアマネジャーから連絡。 →ヘルパーに入浴介助の中止を伝える。		
6月30日	〈サービス担当者会議〉（サービス提供責任者） 　入浴介助のサービスの見直しを行う。今までは，何とか介助により自宅での入浴が可能であったが2～3日前から体調が悪く，点滴治療が行われている。主治医によれば，「食べたものによる一過性の体調不良で，徐々に体調は戻るであろうが，病気が病気であるので，すぐには戻らない」とのこと。本人が，自宅で入浴を望んでいて，できるだけ身体に負担をかけずに入浴する方法の希望があり，来週から訪問入浴サービスを毎週火曜日利用となる。 →亡くなる前に，1回，訪問入浴サービスを利用し入浴できて，本人はとても喜んでいたと聞く。		「家でなんとか入浴したい」との本人の意向を尊重し，訪問入浴サービスの導入に至る。
7月10日	昨晩容態が悪化し，自宅で急逝された，と担当ケアマネジャーから受電。 →担当ヘルパーに連絡し，支援を終了する。		

3 担当者の所感及び考察

▰サービス提供責任者より

●苦労したことや留意点など

・ヘルパー再開当初は，本人の身体状況は安定し，食欲旺盛で，排泄や入浴も一部介助で可能であり，笑顔も多々見られ，ヘルパーが対応に困るようなことは少なかったが，1か月を経過し，身体状況が急激に悪化し，ヘルパーの援助内容も日に日に変わっていくことで，担当ヘルパーへの援助内容や身体状況等の連絡に苦労した。

・本人にがんの告知はされていたが，3～6か月という余命の告知はされておらず，各担当ヘルパーに，「決して本人に余命のことを伝えない」ということを徹底した。

・在宅酸素療法で使用する酸素濃縮器の加湿器の精製水が残り半分になったら，ヘルパーで補充することになっており，その補充を忘れないように非常に気を遣った。また，身体状況が悪化するにつれて，酸素の量も増えて行き，1台の酸素濃縮器ではまかないきれずに，2台に増え，確認するヘルパーの緊張感も増していった。

・死去前の5日間は，薬がのどを通りにくくなり，錠剤をつぶして，ゼリーに混ぜ，なんとか飲んでもらった。通常1時間の対応だが，延長対応せざるを得ない状況となった。

●疑問点や不安であったことなど

・訪問看護の担当者が，共有の連絡ノートに「ヘルパーさんで点滴後の処理をお願いします」と記入しており，担当ケアマネジャーに連絡し，ヘルパーでは対応できないことを訪問看護師に伝えてもらうようにお願いすることがあった。

> **Q2** 他職種から，法規定以上のことを求められた場合，どのように対応すればいいでしょうか？

●うまくいったことなど

・サービス提供責任者が週に複数回，訪問活動に入ることにより，事務所との連携が密にとれて，各担当ヘルパーに援助内容の連絡を円滑に行うことができた。

・各サービス機関共通の連絡ノートを1冊用意し，各関係機関の担当者及び家族にて確認・記入することにより，密に連携をとることができた。

・本人の温和な性格からか，自分自身は体のことで精一杯にもかかわらず，ヘルパーに対しては，いつも「ありがとうございます」と言葉をかけられ，八つ当たりや泣き言を言うことが一切なかった。

・家族が非常に協力的で，たとえば，必要な物品等を伝えるとすぐに用意してもらえた。

・死去の翌日に，本人（宅）をケアマネジャーとサービス提供責任者，ヘルパーで訪問した。長男の妻より，「お世話になりありがとうございました。父〔本人〕が，『こんなにたくさんの人が私のために来てくれているなんてありがたい。感謝しています』といつも言っていました。私たちが年をとってもヘルパーさん等に来ていただけると

思うと安心できます」と言われた。また、「臨終に母や家族も間に合い、看取ることができてよかったです。他のヘルパーさんにもよろしくお伝えください」と言われた。認知症のため、グループホームに入所していた妻のことを本人はとても気にかけていて、最後に妻の元気な姿を確認できている。

■ヘルパーより
● 苦労したことや留意点など
　本人に余命の告知がされていないが、本人は「病気はよくなるもの」と思っていたなかでの訪問だった。在宅生活に意欲的に取り組んでいたが、日々、体力が落ち、嚥下が弱くなり、服薬、食事ができにくくなり、最終的に歩行もできなくなってきた。
● 疑問点や不安であったことなど
　嚥下が悪くなってきていたのに、服薬が増えて錠剤が大きくなっていった。独居なので、酸素濃縮器の加湿器の精製水の残量、ホースの長さが気にかかった。
● うまくいったことなど
　入浴が好きだったので、ヘルパーと訪問看護師による入浴介助、訪問入浴サービスと亡くなる直前まで、入浴することができてよかった。

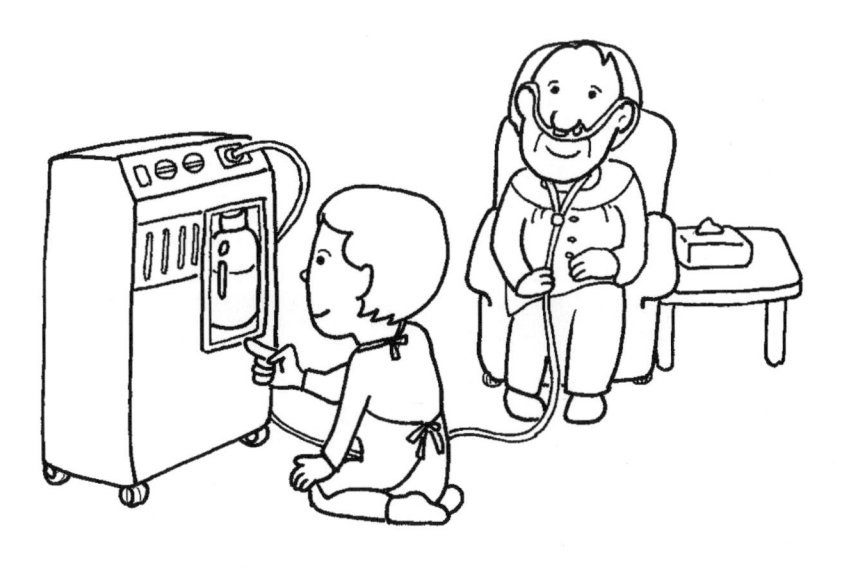

Q1 余命の告知がなされていない利用者への援助時に気をつけることはありますか？

A 　医師から告知される内容としては病名，現在の病状（治療による回復が見込めない），余命が考えられるでしょう。事例のように病名は告知されていても，病状と余命については告知されていないということもあります。まず支援に入る際には病名や余命が本人に告知されているか，事前にサービス提供責任者へ確認しておきます。告知については看取る家族が決断したことです。支援関係者から利用者に伝わってしまうことがないように，配慮しなければなりません。

　利用者に告知がされておらず，回復するという希望がある場合は，「利用者から病気のことを尋ねられたらどうしよう…」と支援時のコミュニケーションに悩んでしまう，ということも事実です。ただ利用者と接する際には告知の有無を意識しすぎることなく，普段通りの支援を心がけましょう。もし実際に聞いて来られるようなことがあっても，「知りたい」と言われた心理状態を推察してみます。「本当のことを知りたい…けど知るのは怖い」，「余命や病気のことを知りたいのではなく，今の辛い感情を言葉にしたい」など，言葉の背後にある気持ちはさまざまです。重要なのは告知「している」「してない」にとらわれることなく，今目の前にいる利用者自身の気持ちをしっかり理解して，関わることが大事です。ヘルパーが聞いた利用者のちょっとした言動や利用者の心理的な変化については，適宜サービス提供責任者に報告しておくことも忘れないようにしてください。

Q2 他職種から，法規定以上のことを求められた場合，どのように対応すればいいでしょうか？

A 　前章にもあったように，介護職が実施可能とされる医療的ケアについては，法律で定められており，今回の事例のような点滴の針を抜去する行為についても，ヘルパーで対応ができない医療行為です。事例のように連絡ノートを通じて依頼された場合は，すみやかにサービス提供責任者に報告する必要があります。ただし，ターミナル期においては医療的管理が必要な利用者も多くおられ，訪問先で急に対応を依頼されることも考えられます。そのため，ヘルパー自身も事前に医療行為にあたるケア内容を十分に把握しておくことが必要です。また支援開始時には，ヘルパーが対応できること，できないことを関係者やご家族と共有し，職種間で役割分担や，急な医療的対応が必要になった際の連携方法を事前に確認しておくと，ヘルパーは安心して援助ができ，利用者へも速やかに対応することができます。

2 傾 聴
——がんが再発，完治に望みをかける利用者への関わりの中，ヘルパーができること

1 ケース概要

事例の概要	男性，65歳。 　地域包括支援センターを通じて依頼。肺がんの利用者であるが，要介護認定が「非該当」のため，非該当対象者制度でのヘルパーをお願いしたいとのこと。がん治療を進めていく過程で倦怠感や体調不良が持続し，ヘルパーで生活援助を中心に支援を行っていたが治療に効果が見られず，がんの転移が進み，最終的に入院先の病院で死去された。
家族状況	〈ジェノグラム〉　〈家族構成〉 　　　　　　　　　独居。婚歴はなく頼れる親族は姉妹のみ。姉妹間の交流はある様子。
生活歴	若い時から仕事一筋に頑張ってきた。退職後に肺がんが見つかり，放射線治療をした。完治したと思い始めたところ，がんの転移が発見される。その時の心境について「これで人生が終わったと思った」とのこと。治療後は，できるだけ自分のことは自分でしていきたい，という気持ちはあるが，先のことは分からない状況である。
心身の状況	認知症自立度　自立／寝たきり老人自立度　J1／要介護認定は非該当 〈主な病歴・疾患など〉 　1年前に右肺に肺がんが見つかり放射腺治療をした。完治したと思っていたが，先月の検査で左肺と肝臓に転移が見つかり，抗がん剤による治療を行っている。 〈現在の治療状況〉 　肺がんに対して化学療法を継続中。
日常生活とコミュニケーション	〈ADL〉 寝返り：自立。 起き上がり：側臥位から自分で布団を強く押して起き上がる。 移乗：自立。

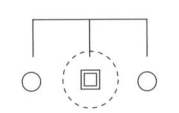

第4章　利用者への心理的支援について考える

歩行：体重が4か月で50 kgから41 kgに減り，下半身に力が入らずふらつきが大きい。まっすぐに歩くことができない。室内は伝い歩き，外出時は塀や電柱を持ったりして歩いている。

入浴：自立ではあるがめまいが激しく，週に1回くらいしか入浴できていない。

着脱：自立。立って行うとめまいがするので，座って行っている。

排泄：自立。

〈コミュニケーション〉

視力：普通

聴力：普通

意思の伝達：問題なし

訪問介護計画

〈本人の意向〉

　抗がん剤の副作用が強く，少しの動作でも体に負担がかかり掃除や調理が十分にできていないので困っており，ヘルパーに手伝って欲しい。

〈援助目標〉

　身体に負担のかかる掃除等を支援することで，体調が安定することを目指す。

　少しでも食事摂取量が増えるように，ヘルパーの訪問を通じてアドバイスを行い，また買物や調理を支援する。

〈援助内容〉

生活援助（買物・掃除・調理）

〈週間スケジュール〉

	月	火	水	木	金	土	日
午前					訪問介護		
午後							

〈訪問介護以外の支援サービス〉

・医療機関：外来の通院のみ

・家族等の支援：姉妹とは交流がある

2 支援経過

日時	訪問経過	分析・考察・所感
3月3日	〈事前面接〉 　自立認定者へのヘルパーサービスの希望を受け，地域包括支援センター担当者と訪問する。本人は「これだけ体がしんどいのに介護の認定がでないのはおかしい」と立腹しており，同席した地域包括支援センターの担当者と一緒に話を傾聴する。 　現時点では抗がん剤治療の影響から，倦怠感や体力の低下が著しく，家事全般に支援が必要。本人の希望は「まずは室内の掃除が不十分なので，手伝って欲しい」とのこと。また食事面について自分でほとんど行えていないので，簡単な調理をお願いしたいとの希望であり，ヘルパーが週1回訪問する。	病気に対しての不安が大きく，体調面が安定しないことから，精神的にも不安定な様子がうかがえる。 　介護認定の結果は自立となったようだが，アセスメントを実施した結果，室内の掃除や調理，買い物等に支援が必要と判断した。
3月10日	〈初回訪問〉 　担当ヘルパーと訪問し，援助を開始する。本人は長期間掃除ができていなかったことが気になっていたようで，ヘルパーの訪問を喜んでいた。買物や調理については，今回は希望はなく，掃除の援助のみで支援を行う。本人は「また慣れてもらったら調理等もお願いしていきたい」とのこと。	ヘルパーが正式に訪問することになったことで，面接時よりは精神的に落ち着いており，ヘルパーの受け入れも良好であった。
5月10日	先日実施した検査結果が思いがけない内容で，がんの病巣が減らず，治療の効果がなかったと，落ち込んでおり，ゆっくり話を傾聴する。	
6月5日	「本人に要介護の認定が出たため，介護保険でのサービス利用に変更となり，サービス担当者会議を開催したい」との連絡をケアマネジャーから受ける。	
6月10日	〈サービス担当者会議〉 　本人の身体状況は徐々に低下してきており，今後ヘルパーサービスを週2回に増回することとなった。本人は抗がん剤の点滴治療を継続中で，発熱・嘔吐・めまい・全身倦怠感・不眠・便秘等の非常に強い副作用がある。「今まで自分のことはできる限り自分で行ってきたが，今は治療の副作用でつらい」とのこと。	期待していた治療に効果が見られず，本人のいら立ちや不安がうかがえる。今後ヘルパーの関わりの中で精神的なフォローも必要になって

			くると思われる。食事摂取も低下しているようで，今後は調理や買い物の食事面でも支援が行えるよう，担当ヘルパーとも確認する。
7月15日		本人，発熱により入院し，ヘルパー訪問は中止する。	
7月24日		本人の退院の連絡を受け，ヘルパー訪問を再開する。	
8月10日		入院中の様子を聞くと「がんからの肺炎のため，38.8～39.5度の高熱で随分とくたばりました」とのこと。訪問中も辛そうである。病気がよくならないことを悲観的に話されるが，どのように返事をすればよいか悩む。	
8月22日		なかなか治療の効果が出ないようで，漢方薬での治療の情報を収集されている。 　食事は以前の半分も食べられない。何とか食べようとしているのだが，「味がしないし，なかなか唾液が出ない」とのこと。本日は本人の希望のカレーを調理した。少しでも食べてもらえれば……と思いながら調理する。	
9月5日		抗がん剤による点滴治療を開始されるため入院予定と担当ケアマネジャーから連絡があった。	体力がかなり低下しており，サービス見直しの必要性があったが，今回入院予定のため，退院後にケアマネジャーと相談することとした。
9月13日		入院前日の訪問。入院の準備を自分でされていた。「頑張って治してきます」と気丈に話され病気と闘う気迫を感じた。快方にと願う。	
9月14日		本人治療のため入院。	
10月12日		病院へ面会に行った際「放射線治療を継続しているが，がんが他の箇所にも転移しており，かなり体力も低下している状態」と担当ケアマネジャーから報告を受ける。	
10月30日		本人が入院中の病院で亡くなったと担当ケアマネジャーから報告を受ける。 　本人の死去により支援を終了する。	

3　担当者の所感及び考察

▰サービス提供責任者より

●苦労したことや留意点など

　対象者は年齢が比較的若く，現役時代は仕事もいろいろとこなしてきた方である。これから第二の人生を歩もうとした矢先に，病気を発症した。最初の面接時に「自分はこんなに病気で苦しんでいるのに，要介護の認定が出ないとはどういうことだ」と強い口調で憤っていたが，完治したと思っていたがんの再発・転移が発見された時期でもあり，強い不安や混乱を感じていたのだと思う。その状態でヘルパーが支援に入っていくこととなり，精神的なサポートも意識して支援にあたるように心がけた。

●疑問点や不安であったことなど

　がん治療においては治療方法が多種にあり，本人との面談時には，治療の経過を聞くことが多く，治療方法など担当者として理解しておく必要性を感じた。また，援助が生活援助であり，医療関係者と連携する機会がなかったので，本人の病気がどのような状態にあるのかを確認することができなかった。

●うまくいったことなど

　話を傾聴できるヘルパーに担当を依頼をした。モニタリング時には「ヘルパーに来てもらい大変助かっている」とのことで，ヘルパーの支援が辛い時期の負担を和らげる効果があったのではないかと考える。

●その他

　最終的に入院し，ヘルパーは生活援助だけの関わりだけであり，「ターミナルケア」＝「看取りのケア」と定義すると，当該事例はターミナルケアに該当しないかもしれない。ただ同様の事例（がんとの闘病事例）は多くあるので，心理的な支援の方法を学んでいく必要性を感じた。

▰ヘルパーより

●苦労したことや留意点など

　放射線治療の影響で，全身の倦怠感，不眠，発熱などの副作用が強く，訪問時の体調が不安定であった。買い物や調理も食欲不振や「何を食べても味がしない」とのことで，具体的に支援することが少なかった。部屋の清潔や埃についても大変気をつけていたので，注意しながら掃除を行った。

●疑問点や不安であったことなど

　本人の話を聞いていると，治療がうまくいっていないことは分かっていた。本人が「絶対治してみせる」という強い気持ちを持っていたので，検査結果で落ち込んでいた時は，どのように話を聞

> **Q1** 病状がよくならないなどで，精神的に落ち込んでいる利用者に接するうえでの注意事項はありますか？

けばよいかを迷った。
● うまくいったことなど
　自分自身の体調が安定せず，訪問時，体のつらさの訴えが多かったので，常に前向きな気持ちになってもらえるような，コミュニケーションを意識した。
　また，調理は「一番食べたいもの」，掃除等も「一番気になっている所」を聞いて対応した。きれい好きな方だったので「気になっているけど今は自分ではしんどくてできない」箇所を掃除した後は，満足しているようだった。ヘルパーは体の痛みを取ることはできないが，話を聞いてつらさに共感したり，本人ができないことを援助したりすることで，心理的な満足感を感じて，少しでもつらさを軽減できれば，と心がけた。
● その他
　これほど早く亡くなるとは思っていなかった。「病気が治ればしたいこと」を話していたことを思い出す。ある訪問時に「遺言書を作成した」という話を聞いた。ヘルパーの前では気丈に振る舞っていたが，今から思うと覚悟されていた面もあったのかと振り返った。

Q1 病状がよくならないなどで，精神的に落ち込んでいる利用者に接するうえでの注意事項はありますか？

A 　利用者は闘病の中で「大きな不安」と「孤独」を感じています。特に病気の症状による身体的な苦痛も相まって気分が落ち込み，場合によっては抑うつ状態になっていることも考えられます。抑うつ状態のときには，利用者を元気づける，励ますような声掛けは逆に本人の負担になってしまう恐れがあります。じっくりと本人の思いに耳を傾け，相手の気持ちを受け止め，そばに寄り添っている，という姿勢で話を傾聴します。
　人はつらい気持ちになった時，他人に話を聞いてもらうことだけで気持ちが楽になるものです。ヘルパーは病気の治療はできませんが，利用者の思いを真摯に傾聴することだけでも，力になれることがあります。
　ただし，精神状態の不調が強く続くようであれば，医療的な関わりが必要になってきます。その際はサービス提供責任者やケアマネジャーを通じて，医療・看護職とも連携し，対応を考えていくことも必要になります。

3 受 容
―― 悩みながらのコミュニケーション，理解できた思いとは

1 ケース概要

事例の概要	女性，50歳。 地域包括支援センターからの依頼。胃がんのため胃を全摘され，がん末期の状態で退院した。化学療法のための通院介助，生活援助でヘルパー支援を行っていたが，治療の効果なくがんが進行する。本人は最後まで在宅での生活を希望し，ヘルパーや訪問看護による支援を継続しながら，知人，ヘルパーが見守るなか自宅で看取りを行った。
家族状況	〈ジェノグラム〉　　〈家族構成〉 　　◎　　○　　独居。家族は妹が遠方におり，発病後は本人の知人がキーパーソンとなり，本人に関わっている。
生活歴等	他県出身。発病し入院するまで，証券会社に勤めていた。
心身の状況	認知症自立度　自立／寝たきり老人自立度　A2／要支援2 〈主な病歴・疾患など〉 　数か月前に吐き気などの症状が続いたため，入院した際検査結果で胃がんが発見される。 〈現在の治療状況〉 　3週1休で化学療法
日常生活とコミュニケーション	〈ADL〉 寝返り：手すりにつかまり可能。 起き上がり：手すりにつかまり可能。 移乗：自立。 歩行：下肢筋力の低下によるふらつきがあり，室内はゆっくりと伝い歩き，屋外は介助が必要。 入浴：訪問看護師とヘルパーで介助→体調に応じて清拭を行う。 食事：腸ろうによる摂取。自分で管理している。 着脱：自立。

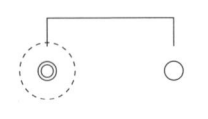

第4章　利用者への心理的支援について考える

排泄：トイレへ自力で行くが，ほとんど排泄がない。
〈コミュニケーション〉
視力・聴力：普通
意思の伝達・決定：問題なし。

訪問介護計画

〈本人の意向〉
　介護の知識があり身体的なことを理解してくれる存在となってほしい。ヘルパーと訪問看護で入浴してもらい，掃除，洗濯の援助も受けたい。

〈援助目標〉
　通院が安全に行えるよう支援する。

〈援助内容〉
　体調確認，通院介助，買物，掃除，洗濯。

〈週間スケジュール〉

	月	火	水	木	金	土	日
午前	訪問看護			訪問看護			
午後	訪問介護	訪問介護 訪問看護	訪問介護	往診	訪問介護 訪問看護	訪問介護	訪問介護

〈訪問介護以外の支援サービス〉
・医療機関：外来（3週通院1週休み），訪問看護，往診。
・家族等の支援：知人

2 支援経過

日時	訪問経過	分析・考察・所感
5月13日	〈退院前カンファレンス〉 　地域包括支援センターから依頼を受けカンファレンスに出席する。 　次週に退院予定。退院後のヘルパーの支援について買物や洗濯の生活援助と、入浴が不安なので、ヘルパーに介助をお願いしたいとのこと。腸ろう造設について、自宅での管理は主治医や看護師が行うこととなった。	
5月19日	〈サービス担当者会議〉 　退院後のサービス内容の確認を行う。ヘルパーが入浴介助を行うにあたり、看護師から入浴後の経腸チューブの処置の方法の指導を受ける。 　頻回に嘔吐がみられ、適宜吐しゃ物の始末の必要性があることを確認する。	
5月20日	〈初回訪問〉 　サービス提供責任者、担当ヘルパーと訪問する。 　嘔吐しており処理の希望があったため対応する。希望の品の買い物と掃除を行う。	昨日から、人の出入りが多いため本人が疲れないよう配慮する。
5月23日	入浴介助に同行 　腸ろう摂取中であったため、先に掃除を行う。入浴準備の時からシャワーを出して、浴室内を暖めておく。洗身、洗髪は自分でできるので、今回は浴槽の外から見守る。	久々のシャワー浴を喜んでいた。本人のペースに合わせて、介助を行うことを確認する。
7月14日	〈サービス担当者会議〉 　要介護認定結果の変更があり、本人とサービス事業所とで今後の支援について検討する。本人はヘルパーの援助に対して「一つひとつ活動内容の確認をしないでほしい」 「通院時はできるだけ歩きたい」との意向があった。	体調が安定せず、ヘルパー訪問時の会話がつらそうで、ヘルパーは何をしたらよいか悩むことが多い。
8月15日	〈引継ぎ同行〉（通院迎え） 　本人より援助内容のメモ3枚を受領する。「度々、伝えなくても考えて動いて欲しい」との意向あり。	体調不良もあるが、ヘルパーが「何かしないと」と動き過ぎることにも疲れるようである。

9月12日	〈カンファレンス〉（ヘルパー） 　担当ヘルパーと訪問状況の確認を行う。本人とのコミュニケーションについて「何も伝えてもらえないつらさがあり，支援中の迷いもある」というのがヘルパー共通の悩みであった。	担当ヘルパー間での悩みを共有し，チームで支援していく意識を高めることができた。
9月14日	〔ヘルパー訪問記録から〕 　限界まで張りつめた静寂と対峙するこの援助は，ヘルパー訪問活動の極みのように感じる。空気を読む，気持ちをくみ取る，寄り添い続ける。援助内容や方法は毎回変わる。今まで通りにしても「は？」といわれる。臨機応変をくり返し求められるが，本人のがっかりした顔に落ち込んでいる時間はない。 　身体介護は訪問看護師と組んで，清拭と足浴を行う。本人の担当訪問看護師は3人。今日でやっと全員と組めたので，心底ほっとした。相手のやり方を知ることで，本人のじれったさからくる苛立ちを減らしたい。訪問を終え，訪問看護師と一緒に本人宅を出ると「ヘルパーさんも大変ね。こちらの看護師たちも動揺してるわ。でも本人も（命の終わりが）迫ってること，分かっているからね」と訪問看護師から声をかけられた。 　私はその言葉の意味を私なりに理解した。本人は私と2人の時，いつもいらいらしているわけではないが，<u>訪問看護師と3人になると，私だけを叱咤する</u>。訪問看護師が先に帰り2人になると，先ほどのこと詫びるように必ず「ありがとう」と言われる。気持ちをどこにぶつけていいか分からないまま，結局はヘルパーが的になってしまう，という感じがする。 　以前行っていたシャワー浴はできなくなり，今は足浴も厳しい。清拭でさえできない日がある。今日はなんとか清拭をしたが，嘔吐が止まらない。嘔吐の間は手を止めるが体力がもたないので，手早く一気に行う。ゆったりとした雰囲気をつくりながら淡々と進め，短時間で終えた。	（注）Aさん＝本人 **Q1** 利用者が自分にだけつらく当たってくるときは，どのように対応すればいいでしょうか？
9月16日	経腸栄養にもむかつき嘔吐がみられ，今後点滴による栄養摂取に変更された。全身に倦怠感がみられる。体調不良のためヘルパー訪問のキャンセルが多くなってくる。	

9月30日	〈通院介助に同行〉 　ふらつきからの転倒に気をつけ、ヘルパーの腕を持ってもらい歩行介助を行う。 　できるだけ歩きたいという気持ちを大切に、本人が「介助されている」という気持ちにならないように気をつけて介助を行う。	本人は変わらず強い気持ちを持っているが、体力がついていかない様子。
10月3日	訪問すると失禁があった。本人の自尊心に配慮しながら失禁の処理を行う。本人にはさりげなくパット使用の声掛けを行う。	本人の容体は急速に悪化しており、もう何があってもおかしくはない状態である。
10月20日	〔ヘルパー訪問記録から〕 　昨日の訪問から本人の状態がさらに悪化している。来宅されていたキーパーソンである知人、本人に聞こえない場所で「今日私が帰らせてもらった後、本人さんに付き添われますか」と確認する。知人は不思議そうに「自宅に帰るつもりだけど、何か？」と聞かれる。 　主治医や訪問看護師やサービス提供責任者を飛び越えて、（キーパーソンであるとはいえ）ヘルパーが直接知人に伝えるべきか躊躇したが、今日の状態から「本人さんを1人にしておける状態にはないと思います」と伝える。 　Bさんは私の意図する内容を感じとり、驚いた様子で「今から24時間体制でヘルパーに入ってほしい」と依頼された。直接事業所に連絡してもらい、事業所と相談して返事することで納得され退出する。ヘルパーとしてキーパーソンである知人とも関係を築いてきたことが役にたった瞬間だった。	
14時30分	24時間体制での派遣について、管理者を含め協議した結果、当日夜から24時間体制でヘルパーが臨時訪問することが決定した。	事業所営業時間外の臨時対応となるので、夜間帯はサービス提供責任者や管理者も含めての対応とする。
22時	〔ヘルパー訪問記録から〕 　本人は話をすることもできず痛みに耐えている。本人がうがいを希望したので、知人と介助する。体の痛みが	

第4章　利用者への心理的支援について考える

	強く,ベッドのギャッジアップは使えない。私が本人の上体を起こし左手で支え,洗面器を右手で受ける。再びうがいの希望がある。さきほどと同様に介助するが,本人のコップを持つ手は上がってもすぐに下に落ちる。上体も円を描くようにぐるっと回って不安定である。うがいをなんとか終える。ゆっくり上体を下ろそうと,上腕を本人の背中に添えると「離して！ 痛い！」と叫ぶ。手を離した時の上体がベッドに落ちる衝撃や激痛を考えると,手は離せなかった。
23時	主治医の訪問がある。本人と2人きりで話をした後,鎮痛剤を投薬し,すぐに熟睡する（今から思えば,昏睡だと思うが,激痛から解放され無心で寝息をたてて眠っている姿は熟睡という表現が近い）。
10月21日 2時	「何かあれば呼びに伺います。明日もあることなので」と一緒に付き添っていた家族には別室で休んでもらう。音を立てないように,ポータブルトイレを居室から別室に移す。 パットや新聞紙,タオル等と一緒に紙オムツを出して分かりやすい場所にセットする。脱脂綿の代用にガーゼ,水を用意する。準備しながら,身体の限界を越えて精神力で頑張ってきた本人を思う。本人は居室内の目に入る場所に介護用品が置かれていることを嫌っていた。本人の意識のある間はできなかったことだが,今後のために体制を整えておく。昏睡している本人の側に待機する。
4時30分	両手でそっと本人の手を握り,お別れをする。この時が最期になると感じる。「ありがとうございました。さようなら」。 5時からのヘルパーに引継ぎを行い退出する。 家族やヘルパーが見守る中,自宅で亡くなる。

3　担当者の所感及び考察

▰▰サービス提供責任者より
●苦労したことや留意点など
　「ヘルパー間の引継ぎや伝言は事前に確実に行って欲しい。また，行動はゆっくり，ゆったりとして欲しい」との希望があり，本人に負担にならないように配慮することが求められたため，担当ヘルパーの情報共有を細やかに行う工夫が求められた。
●疑問点や不安であったことなど
　本人のその日の状態で，援助内容が見守りだけになり，計画に沿った援助が実施できない時があったこと。
●うまくいったことなど
・体調を考え，ヘルパー関係の連絡などはFAXを活用した。ヘルパーもできるだけ少人数で関われるように同じヘルパーが訪問できるように調整を行った。
・最後の看取りまでヘルパーで支援ができたこと。またエンゼルケアにも携われたこと。
●その他
　ターミナル期における心理的な支援をもっと学んでおきたい。迷うことの多い支援だった。

▰▰ヘルパーより
●苦労したことや留意点など
　本人に負担をかけないように配慮することについて，毎回訪問時は緊張の連続だった。ただ，最後まで「つらい」「しんどい」等の弱音を吐かない方だったので，少しでもヘルパーの訪問で苦痛をへらし安らいでもらえるように心がけた。
●疑問点や不安であったことなど
　声掛けなどにも，つらそうなので，ヘルパーの判断で援助を行っている際に，行っている援助が本人の意向に沿っているかどうか不安だった。体調によっては十分に支援ができず，見守りだけになってしまうことがあり，援助内容に不安を感じることが多かった。
●うまくいったことなど
　本人が亡くなった直後，事業所から電話で「今亡くなられました。今からお別れしに来る？」と言ってもらった。ヘルパーとしてできることは，もうないような気がして，邪魔になってもいけないし「お別れはさせていただきました。ありがとうございます」と辞退したが，これには後日談があった。
　「亡くなられた後に清拭や化粧，旅立たれる服を選んだ」と聞いた時に，「関われるなら最期の最後まで関わりたい」という思いに変わった。そばで見つめ続けたから知っていることがある。知っているからできることがあると思う。

「利用者は，人生を，命を懸けて教えてくださる」この経験を今後の活動に生かすことで，せめてもの恩返しになればとあらためて思う。

Q1 利用者が自分にだけつらく当たってくるときは，どのように対応すればいいでしょうか？

A 　ターミナル期の利用者の心理状態のなかで，他者の受け入れができない状態の方もおられます。ターミナルケアでは，多職種や多人数で支援を行うことが多くありますが，利用者のつらい感情を受け止める対象が特定のヘルパーになってしまうこともあるでしょう。その際は1人で抱え込まず，他の担当ヘルパーやサービス提供責任者に相談してみてください。話しあうことで自身のコミュニケーションの図り方，援助の方法などの振り返る点があれば支援にいかすことができ，また他者の意見を聞く中から利用者への理解を深めることができるかもしれません。ヘルパーが燃え尽きてしまわないよう，サービス提供責任者もヘルパーが悩んでいる状況をキャッチしたら，一緒に同行することや，話を聞く機会を持つなど，フォローできるよう心がけましょう。

　ヘルパーとして関係が図れていない利用者の訪問は一番つらいことです。訪問することが負担になり，担当を外してもらいたくなってしまうことも理解できます。ただ悩みながら利用者を理解しようと真摯に向かい合うことで，学べることが多くあります。ヘルパー自身の成長につなげてみる気持ちで，前向きに考えてみる姿勢も必要です。

第4章のまとめ

「ターミナルケアについて何を学びたいか」とヘルパーに聞くと，「こころのケアをどのようにすればよいか」「精神的なサポートはどのようにすればよいか」といった，心理的支援に関わる内容についての要望が挙がります。大切な人を失うことで悲観にくれる家族，痛みや苦痛の中で混乱する利用者などを目の当たりにした時，ヘルパーの無力は想像に難くありません。ホームヘルパーの業務特性上，利用者や家族と関わる時間が長くあり，利用者の感情をより多く受け止める側面があると考えられます。こうした状況で心理的な支援について悩む場面も多く見受けられるのでしょう。

「①感謝」の事例では本人に余命を告知されていない状況であったのですが，身体状況が変化していく中で，最期まで本人の意向を尊重し，排泄や入浴の方法を検討しながら支援を続けています。「口から食事を食べたい」「お風呂に入りたい」等，最後までその人らしい生活が実現できるように支援していくことは，利用者自身の尊厳を守ることにもつながります。亡くなった後に，家族が「本人につらい思いをさせてしまった」「もっとやれることがあったのではないか」と思い悩む事例も少なくありません。本人の支援だけではなく，家族にとっても後悔のない看取りができる支援をすることが必要です。支援終了後に残された家族の喪失感をフォローするグリーフケアがありますが，ヘルパーが密接に関わっていた事例であれば，看取りの後に訪問するなど，残された家族への支援も重要になってきます。今回の事例では，家族からヘルパーに対して感謝の言葉を受けたことで，次のやりがいにもつなげていけるのではないでしょうか。

「②傾聴」の事例では，病気の受け入れができていない，本人の苦しみや想いを吐露する場面，「③受容」の事例では利用者が落ち込んだり，ヘルパーにつらくあたったりする態度がある中，ヘルパーが利用者と向き合っていく場面があります。どちらの事例もヘルパーとしてどう対応すべきか悩み，葛藤した様子が分かります。人が死を告知された際の心理状況のプロセスをキューブラー・ロスは以下のように説明しています。

「否認と隔離」自分が死ぬことは嘘なのではないかと疑う段階
↓
「怒り」なぜ自分が死ななければならないのかという怒りを周囲に向ける段階
↓
「取引」何とか死なずにすむように取引を試みる段階
↓
「抑うつ」何もできなくなる段階
↓
「受容」最終的に自分が死ぬことを受け入れる段階

ヘルパーはその場に応じて，利用者の思いを傾聴するという姿勢が大事です。利用者は他の関係者や家族にも出せない感情をヘルパーにぶつけているのかもしれません。ヘルパーは利用者の気持ちを受け止め，またそばに寄り添う姿勢で，安心してもらうことが重要になってくるでしょう。「受容する」「寄り添う」ことは死を目前にした利用者に対して，容易なことではありません。そのためにはヘルパー自身も，人の死や生に対する価値観である「死生観」について理解しておく必要があります。

第5章

在宅での看取りを支える体制について考える

　現在では核家族化が進み，高齢者の単独世帯が多くなってきています。「住み慣れた自宅で最期を迎えたい」との思いがありながら，在宅介護の体制不足の事情から望みがかなえられず，病院で最期を迎えられる方も少なくはありません。家族介護者が不在の場合に在宅で終末を迎えることは不可能なのでしょうか。また，独居の利用者が在宅で終末を迎えるにはどのような支援体制が必要なのでしょうか。ホームヘルパーに期待される役割について考えてみたいと思います。

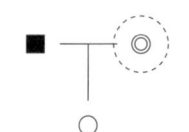

1 御守り
――独居で終末期を迎える利用者へ安心を届けるツール

1 ケース概要

事例の概要	女性，98歳。 　独居の女性。ベッドから転倒し入院した際に，第二腰痛圧迫骨折との診断があり，疼痛管理，経過観察を経て在宅での生活に戻る。入院前は自分自身でポータブルトイレを使用し排泄できていたが，排泄介助が必要となり，<u>夜間対応型訪問介護の定期巡回サービス利用を開始</u>する。随時訪問などの対応も継続して行い，最後は自宅で亡くなった。
家族状況	〈ジェノグラム〉　〈家族構成〉 　　　　　　　　　独居。 　　■─◎　　　　長女が他県に在住。週に3回定期的に訪問している。 　　　│ 　　　○
生活歴等	夫はすでに他界している。長く現住所に在住している。
心身の状況	認知症自立度　Ⅰ／寝たきり老人自立度　B1 〈主な病歴・疾患など〉 　大腸がん，胃がん，子宮筋腫，鉄欠乏性貧血，心不全，糖尿病 〈服薬状況〉 　毎食後：疼痛コントロール剤，過血糖改善剤
日常生活とコミュニケーション	〈ADL〉 寝返り：ベッド柵を持てばできる。 起き上がり：自立（見守り要）。 移乗：立位保持が困難だが，見守り〜軽介助でできる。 歩行：できない。車いす使用。 入浴：自宅で週2回。訪問介護サービス利用。 食事：普通食，自立。 排泄：日中はヘルパーの介助にてポータブルトイレを使用。

> **Q1** 夜間対応型訪問介護とはどのようなサービスですか？

	〈コミュニケーション〉 視力：細かい字は読めない。 聴力：普通。 意思の伝達・決定：問題なし。
訪問介護 計　画	〈本人の意向〉 　ずっと入院するよりも，家に帰って好きな物を食べて暮らしたい。 〈家族の意向〉 　本人の意向を尊重したい。介護保険サービスを継続して利用しながら，自分たちもできる範囲で援助を続けていく。 〈援助目標〉 　夜間の定期的な訪問や，緊急時にも連絡がとれる体制をとることで，自宅で安心して生活してもらう。 〈援助内容〉 　排泄介助，水分補給，安否確認 〈週間スケジュール〉

	月	火	水	木	金	土	日
午前	夜間対応型訪問介護	夜間対応型訪問介護	夜間対応型訪問介護	夜間対応型訪問介護	夜間対応型訪問介護	夜間対応型訪問介護	夜間対応型訪問介護
午後	訪問看護 訪問介護	訪問介護	訪問介護 訪問介護	訪問看護	訪問介護 訪問介護	訪問介護 訪問介護	訪問介護

〈訪問介護以外の支援サービス〉

・訪問入浴：週1回

・医療機関：訪問診療（月2回）。訪問看護。

・家族等の支援：長女訪問（週3回）。食事の準備を中心に援助有

・地域：近隣の住民の見守りあり。

2 支援経過

日時	訪問経過	分析・考察・所感
10月15日	〈退院に向けてのカンファレンス〉 ・9月上旬，ベッドから転倒。第二腰椎圧迫骨折と診断され，疼痛管理・経過観察目的での入院となる。 ・入院中に，胃がん，大腸がんの所見があり，内服にて対応。 ・現在は痛みの訴えはなく，退院に向けてのリハビリ中。 ・本人は「ずっと入院するよりも，家に帰って好きな物を食べて暮らしたい」と発言。 ・退院後は，午前4時に排泄介助，水分補給，安否確認等で定期巡回での夜間対応型訪問介護利用となる。	本人は，ケアコール端末設置（Q1参照）については拒否的であった。まだ，「自分でできる」という思いがあるように感じられる。
11月	〈初回訪問〉 ・就寝中であったが，声掛けで覚醒し，排泄介助を行う。訪問介護員の介助に対して，体を動かすことができる。 ・以降，当月の緊急通報は2回あった。緊急訪問はなく，オペレーターが本人の話を傾聴し，落ち着きが戻った。 ・毎回，腰痛の訴え，薬の塗布の希望がある。 ・覚醒している時は会話をし，排泄介助時に腰を上げられる。痛みはあるが，声かけに対して体を動かすことができる。	当初「必要ない」と思っていたが，継続的に訪問することで，「誰かがきてくれる安心感」を持ってもらえた。
12月1日	・23時に初めての緊急通報。 ・テレビの音声が大音量のため本人の声が聞きとれないが，テレビ電話のモニターから下半身がベッドからずり落ちているのが確認でき，訪問する。	自分自身の身体状況の認識ができなくなってきているが，ヘルパーに対して，自分の意思は明確に伝達できる。
	・12月は緊急通報の回数が19回。内，随時訪問7回。 　尿や，便失禁での通報が目立ってくる。腰の痛みに加えて，下肢の痛みの訴えも増えてくる。 　日中の通報も増え，ケアマネジャーと連携を取ることが多くなる。	
12月5日	要介護認定の区分変更の結果，要介護4から要介護5となる。	

	〈随時訪問〉「テレビのリモコンがベッド下に落ちてしまい，自分で拾おうとしてベッドから足を下ろしたが，どうしようもなくなった」と，ベッド上に戻る介助を行う。	
12月9日	便失禁の援助のため随時訪問。「我慢しきれず出てしまった」といわれ，パット内で排便されたのは初めてだったとのこと。	
1月	・1月は緊急通報が14回，内随時訪問5回。月の後半から身体の訴えが強くなり，痛み止めの薬が増え，訪問回数が増える。 ・訪問看護を開始する。 ・23時頃に緊急通報があり，「お腹が痛い」とテレビ電話画面で，苦しそうにしていたため，随時訪問する。その後2時頃に再通報があり「身体中が痛い，何とかしてほしい」と悲痛な訴えがある。訪問看護師に連絡し「痛み止めを処方しているので，これ以上は医療的にもすることがない。様子を見てほしい。看護師の訪問が必要な時は連絡してください」と指示がある。訪問時に身体をさすったり体位変換したりする。インテバン塗布後，そのうち入眠される。 ・訪問入浴の利用を開始する。 ・「お腹が痛い」と緊急通報がある。訪問すると「誰が呼んだ」「助かったけど」といわれるが腹痛の訴えはない。パットを交換し辞去する。 ・眠れている時とそうではない時など，日によって変化があった。	痛みに伴うものか，不眠状況があり，内服薬が処方されている。その内服薬が見当たらず通報することが増え，服薬に頼っている様子がうかがえる。
2月	・2月は緊急通報41回。内，随時訪問14回。 ・随時訪問が増え，区分支給限度額を超過し，実費負担が多くなる。通報があってもすぐに訪問するのではなく，オペレーター対応で落ち着いてもらえるよう話を聞く。その後，定期の巡回訪問まで待てるか，すぐ随時訪問すべきかの判断をするが，適切な判断ができているか不安になることがある。 ・随時訪問が制約される中，テレビ電話を通してカップのお茶を飲んでもらうよう促したり「もう少ししたら訪問する」「早めに行く」等，オペレーターで対応する	昼夜逆転の様子がうかがえ，夜間の通報回数が増加する。利用当初は自分の意思をしっかり伝え，オペレーターとの通話に対する理解ができていたが，少しずつ難しくなってきている。

	ことが多くなる。 ・夜中（23～0時頃）に「何も食べていない」との通報が続き，昼夜逆転の様子が見られる。訪問し，食べたメニューを説明するが理解してもらえず，認知症の症状が進んでいるように見受けられる。 ・起きている日が多く，昼夜逆転状態が続くようになり，消極的な発言が出る。	こうした状態だが，通報があっても区分支給限度額を超え実費負担を避けるために，すぐに随時訪問ができないことを，本人に理解してもらうのは難しい。
3月	・3月は緊急通報87回。内，随時訪問12回。 ・端座位が取れなくなり，自力で水分補給ができなくなる。午前4時の定期訪問を早めにすることが多くなる。 ・日中の通報回数が多くなり，痛みの訴えや，「起こしてほしい」「お茶が飲みたい」など1日7回通報した日もあった。いずれも24時間通報加算の対象者ではないことから，訪問看護，ケアマネジャー，家族などに連絡をとり対応を依頼した。 ・「テレビを消してほしい」との通報が，5分後の通報では「おしめを替えてほしい」という内容に変わり，本人も混乱している様子を感じる。 ・特殊寝台のマットの種類が変更となり，ベッド上での動きが制限され，ますます自分でできないことが出てきた。	区分支給限度額の関係で，24時間通報加算を算定することができなかった。日中の通報に対しての判断，対応について苦慮した。訪問看護につなぐことで安心はできたが，適切な援助につなげられないもどかしさがあった。
4月	・4月の緊急通報は112回。内，随時訪問は4回。 ・朝夕の通報も増える。定期訪問の予定が入っており，もう少し待つように伝える。定期訪問の事業所に，時間を早めて訪問してもらうよう依頼することが増える。 ・主な通報内容は，痛みの訴えであるが，「痛い」より，「苦しい，辛い」といった表現に変わってきた。 ・訪問するまでの間に「早く来て」と，通報が切れてもすぐに再通報をくり返すことが増える。 ・特殊寝台のマットの種類が変更され，身体が動かしやすくなる。 ・身体の痛みの訴えは引き続きあるが，しっかり覚醒している時は，介助に対して協力的に体を動かせている。 ・「便が出る」との訴えがあったが，すでにパット内に排便している。便意が残っていることを確認する。	通報回数がピークに達する。緊急性の高い通報ではないため，すぐに訪問できなかったが，テレビ電話を介して訴えを聴くことで，1人でいる時間の不安の解消につながったと考えたい。

5月	〈オペレーター〉 ・5月の緊急通報6回。随時訪問なし。 ・内服薬の変更があったためか，意識がはっきりしないことが多くなる。 ・緊急通報の回数が減り，通報内容は，痛みの訴えや，時間の確認，「今起きたので……」といった内容となる。 〈ヘルパー〉 　訪問時，眠っていることが多くなる。 　起きていることがあっても，援助終了時には，再度眠りにつくことが増える。 ・5月24日：身体全体に浮腫が見られる。 ・5月27日：「ちょっと熱いな」といいながら，しっかりお茶を飲む。 ・5月28日：パット内に排便あり，「便は出ましたか」と聞かれる。 ・5月31日：尿臭が強く，色は茶褐色になっている。下肢や顔の浮腫が強くなっている。		5月に入り，通報が激減した。4月の本人の状態で，内服薬の変更以降，意識がはっきりしないことが多く，通報ができなくなってきたのではないかと感じている。日ごとに衰弱していくようにも見受けられた。
6月	〈ヘルパー〉 ・6月1日：何度か体位交換には応じるが，痛みの訴えはない。泥状の血便があり，排泄介助を行う。介助後はすぐ眠っていた。 ・6月2日：定期巡回訪問。 　声掛けするが応答がない。その場で救急車を要請する。 〈オペレーター〉 6月2日：定期巡回訪問時，すでに本人の意識がなく，救急搬送される。 **Q2** 訪問時に救急車を要請する事態になったとき，留意すべき点を教えてください。 　　　　その後，担当ケアマネジャーから逝去されたと報告がある。		身体の痛みと，1人で過ごすことの不安を抱えながら，希望した自宅での生活を全うできた。夜間対応型訪問介護を利用されたことで「安心」を提供できた。

3　担当者の所感及び考察

■サービス提供責任者より
●苦労したことや留意点など
・昼夜を通して頻回な通報があるが，24時間通報加算を取っていないため，日中の緊急通報時の連絡先が医療，家族，ケアマネジャーか判断ができないことがあった。
・介護保険の区分支給限度額を超過しているため，夜間の頻回な通報に対して，訪問の必要性の見極めと見極め後の判断が正しかったかどうかの不安があった。

●疑問点や不安であったことなど
・通報があっても限度額を超えると利用料の自己負担が増えるので，すぐ駆けつけることができなかった。
・主治医との連携を取ることが少なかった。

●うまくいったことなど
　常時，本人から痛みの訴えがあり，痛みを軽減する方法がないかと思ったが，訪問看護師から服薬状況などの報告を受けることで，状況に応じた対応ができ，オペレーター・ヘルパーの精神的不安を軽減することができた。

●その他
　本人の「来てほしい」という訴えが強い時は，オペレーターもヘルパーも「どうしたらいいのか」，「もっと何かできないか」という思いが強かった。
　死去後，昼間帯を担当した訪問介護事業所のサービス提供責任者から「日中に訪問すると，いつも通報用のペンダント（緊急通報用のボタン）をしっかり持っており，『見て，私の御守りや』と，話していた」と聞いた。
　独居で在宅生活する高齢者にとって，「ボタンを押せば誰かと話ができる」ということだけで，大きな意味があったのだとあらためて感じた。

■ヘルパーより
●苦労したことや留意点など
　物の位置が変更になったり，本人の意に添わないことがあったりすると，自分の気持ちをくり返し話すことがあった。

●疑問点や不安であったことなど
　日ごとに身体状況が低下し，痛みの訴えが強くなると，ヘルパーは痛みの部分をさすることや，体位変換を行い，痛みを軽減することしかできなかった。

●うまくいったことなど
　本人が希望していた，自宅での生活を最後まで続けることができた。

Q1 夜間対応型訪問介護とはどのようなサービスですか？

A 「夜間対応型訪問介護」は在宅での日常生活が24時間安心して過ごせるように，夜間帯の「定期巡回訪問」や利用者からの通報に応じた「随時訪問」サービスを組み合わせる訪問介護サービスの一つです。

「定期巡回訪問」は夜間対応型訪問介護計画に基づいて定期的にヘルパーが訪問し，オムツ交換，体位変換，排泄等の介助を行います。

「随時訪問」は予め利用者の置かれている環境等を把握のうえ，緊急時に利用者宅に設置したケアコール端末からオペレーションセンターへ通報があると，オペレーターが必要に応じてヘルパーに指示し，利用者宅に急行し必要な援助を行うサービスです。通報時の内容はさまざまですが，体調急変の対応，転倒，排泄介助などの対応があります。

当事業所のシステムでは，ケアコール端末として利用者宅にテレビ電話を設置しており，オペレーターはテレビ電話の画面を見ながら，利用者の状況を聞き取ることができ，利用者からの通報に対してテレビ画面からの映像を確認しながら，適切に対応することができます。

Q2 訪問時に救急車を要請する事態になったとき，留意すべき点を教えてください。

A ターミナル期の場合はヘルパーの訪問時に体調が急変されることや，息を引き取られることがあるため，緊急事態の対応方法を考えておかなければなりません。緊急時に，まずはどこに連絡するのかを事前に確認しておくことが必要です。在宅では「自宅で最期を迎えたい」と希望されている方が多くいます。もし，すでに息を引き取られている場合でも，救急車ではなく主治医に連絡して診てもらうという場合もあります。救急車で病院に搬送されることで，結果として本人の思いが叶えられなくなってしまうことがないよう，事前に緊急時の連絡先は関係者間で共有しておきましょう。

第5章　在宅での看取りを支える体制について考える

2　緊急対応
――自暴自棄な生活をする利用者の支援，ヘルパーができることとは

1　ケース概要

事例の概要	男性，50歳。 　福祉事務所からの依頼でヘルパー訪問を開始する。脳梗塞の後遺症で，半身麻痺が残る利用者で，当初は生活援助を中心とした支援を行っていたが，糖尿病の悪化から左足膝下を切断される。その後ヘルパーが1日複数回訪問し，食事や生活全般の介助を行うが，病状管理に必要な制限を気にしない性格のため，既往症の悪化から入院，最後は入院先の病院で亡くなられた。
家族状況	〈ジェノグラム〉　　〈家族構成〉 　　　　　　　　　　独居。 　□―○　　　　　遠方に両親はいるが長期入院中により関わり 　　│　　　　　　　はない。 　　▢
生活歴等	他県で出生，大学を中退した後いろいろな仕事に就く。持病の悪化により仕事は退職し，現在に至る。
心身の状況	認知症自立度　Ⅱa／寝たきり老人自立度　C1／身体障害者手帳（2種3級）／要介護4 〈主な病歴・疾患など〉 　脳梗塞，筋膜炎，糖尿病，高次脳機能障害 〈服薬状況〉 　訪問看護師がカレンダーに仕分けし，ヘルパーが服薬確認する。
日常生活とコミュニケーション	〈ADL〉 寝返り：一部介助で左側臥位へは可能。 起き上がり：一部介助でベッド柵につかまり起き上がる。 移乗：スライドボードを利用し，一部介助で移動可能。 歩行：移動時は車いす介助。 入浴：デイサービスを利用。ヘルパーの介助で清拭対応。 食事：サイドテーブルにセットすれば自力摂取できる。 着脱：一部介助で着替えることができる。

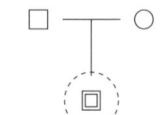

	排泄：尿は留置カテーテルを挿入，便は訪問看護で排便コントロールを行う。便失禁のため，緊急対応が多い。 〈コミュニケーション〉 視力・聴力：普通。 意思の伝達・決定：電話対応は可能。特に食べ物の注文等ははっきり単語を言えるが，長い話は，不明瞭な言葉で聞き取りにくい。嫌な時や不都合な時は無視される。
訪問介護 計　画	〈本人の意向〉 　自宅でゆったりと自分らしく暮らしたい。 〈援助目標〉 ・体調管理を行いながら食生活の充実と服薬管理をサポートする。 ・身体の保清のため清潔援助を行う。 ・住環境の整理整頓，掃除を行う。 〈援助内容〉 ・身体介護 清拭：全身清拭，足浴，陰部洗浄，清拭は毎日対応。 排泄：毎日3回オムツパッド交換，バルーン内の排尿の観察，尿量を記録し破棄する。便失禁時は，緊急派遣での随時対応を行う。 デイサービス送迎：スライドボードを使用し，車いすに移乗介助を行う。 着脱介助：随時パジャマ交換，外出時の身支度のサポート その他：口腔ケア，服薬介助 ・生活援助 調理：野菜中心のメニューを調理する。 買物：食材，日用品を購入する。 洗濯：随時対応，室内干しにする。 掃除：室内環境を整える。 〈週間スケジュール〉

	月	火	水	木	金	土	日
午前	訪問介護 往診（隔週）	訪問介護 訪問看護	訪問介護	訪問介護 デイサービス	訪問介護 訪問看護	訪問介護	訪問介護 デイサービス
午後	訪問介護 訪問リハ	訪問介護	訪問介護		訪問介護	訪問介護	
夕方	訪問介護	訪問介護	訪問介護	訪問介護	訪問介護	訪問介護	訪問介護
夜間	訪問介護	訪問介護	訪問介護	訪問介護	訪問介護	訪問介護	訪問介護

	〈訪問介護以外の支援サービス〉 ・福祉用具貸与：ベッド，マット，車いす ・デイサービス（木，日） ・医療機関：往診（2週に1回・月），訪問看護（火，金），訪問リハビリ（月）
医療 従事者との 連携	主治医が本人の様子を聞き取り，訪問するヘルパーに対応の指示をする。訪問看護師とは，常に連携が取れる体制にあったため，困ったとき，緊急時には即対応ができた。

2　支援経過

日時	訪問経過	分析・考察・所感
5月6日	福祉事務所のケースワーカーからヘルパー利用の依頼がある。今年5月に脳梗塞を発症し右半身麻痺の後遺症が残る状態で，近日退院の予定。在宅復帰に関してはヘルパーの生活援助の支援が必要で，ヘルパーの訪問をお願いしたいとのこと。	
5月10日	〈事前面接〉 　本人が一時帰宅し，在宅復帰時のサービス担当者間で支援体制について協議する。ヘルパーは週3回の訪問で家事全般の支援を行うことを決定する。	本人は「早く退院したい」という気持ちが強い。ただし病気に関しての深刻さがなく，退院後の食事や体調管理については本人がどのようにするのか不安が残る。
5月15日	〈初回同行〉 　家事全般の支援を行う。退院直後から主治医の指示を無視して，病院の売店で購入したパンなどを食べていた。ヘルパーからの生活についての助言もあまり聞こうとしない。	退院後1人でパチンコ店に行き，2万円を失った。 　また2日分の食事の用意を完食するなど自暴自棄な行動に出ている。入院中のストレスを一気に発散している様子。
6月12日	「朝の訪問時に室内で転倒していた。意識ははっきりとされている」とヘルパーから連絡。 →臨時で通院介助を実施した結果入院となった。	検査の結果，左足の指が壊死しており長期の入院となった。入院中に左膝下の切断が施行される。
	〈サービス担当者会議〉 　長期の入院であったが，近日退院することになり，退院後の支援体制を確認するため，担当者間で協議する。今回は片足の膝下より切断し，入院前とは身体状況が大きく変化しており，移乗や排泄にも介助が必要な状態。複数の事業所が関わることになり，今後は関係者間で連絡を取ることを確認する。	自宅に戻るのはうれしいが左膝下切断のため，かなりのショックを受けている。生活の張りを持ってもらえるよう支援をしていく。

第5章　在宅での看取りを支える体制について考える

10月23日	「便が出たので来てほしい」と本人から受電（夜間） →ヘルパーが緊急訪問し対応を行う。	この日以降，頻回に緊急訪問（便失禁，ベッド転落等）の依頼あり。
11月15日	本人，体調不良により1週間入院される。 →退院時は介助が必要であり，退院の付き添いにサービス提供責任者が同行する。1週間の入院であったが，すっきりと体調が安定し戻れた。	入院中も自分本意な行動をするので，このままでは，病状悪化した時でも入院できない可能性があると聞く。
11月15日	〈サービス担当者会議〉 　複数の事業所が関わっており，関係者間で支援の方法を統一する。 　①食生活の管理について 　自分で酒屋に注文する。→今後飲酒していたら酒を処分していく。 　ヘルパーの作るもの以外にも自分で宅配を頼む→食事管理をしないと病状悪化，体重増加はさけられない。本人に適宜，助言していく。 　②転倒予防対策と生活レベルの改善 　頻回に低床ベッドにして夜間はベッド下にもマットレスを敷き，転落しても怪我がないよう，安全対策を行う。	食生活の改善については本人の自覚次第であるが，訪問するヘルパーも適宜，助言していくように努めた。
11月20日	〈カンファレンス〉 　ベッド転落時の身体の起こし方や車いす移乗の方法を作業療法士から直接指導を受ける。 　高次脳機能障害があり，得意不得意な動きがあることの情報を得て，介助の際のアドバイスを受けた。	
11月25日	便失禁にてヘルパー訪問をお願いしたいと本人より連絡あり。 →事業所待機中のヘルパーで対応する。 　事業所へのヘルパーの臨時訪問の要請が1日数回。そのつど，事業所で待機しているヘルパーが訪問対応を行う。 　また夜間帯の緊急対応のため，夜間対応型ヘルパーのサービスも導入された。	多数のヘルパーが緊急時に訪問できる体制ができていたため，頻回な訪問依頼にも事業所の誰かが対応することができた。

12月1日	〈サービス担当者会議〉 ・緊急訪問の依頼が日中，夜間とも多いため，限度額オーバーとなり，保険外の自己負担が発生している。 ・排便管理は訪問看護師が行っているが，摘便処理後も排便が数時間の間にあり，そのつどヘルパーの要請があるので，臨時訪問が頻回に起こる。 ・食事は野菜中心でメニューを考える。野菜の湯でこぼしや下ごしらえの時間を確保して朝昼夕の食事時間にスムーズに提供できる工夫をした。甘いものや果物の制限もあり，フルーツ缶詰とヨーグルトでデザートを作り，食欲のない時は訪問看護師と相談しながら食事管理をした。	本人に「食べる楽しみを味わってほしい」ことを念頭に，限られた中で調理の工夫を検討した。以降出前やアルコール類を注文することはなくなった。 顕著に身体状況の低下がみられ，本人の筋肉，関節が硬く，座位保持が不安定になり，転倒予防を講じても，ベッドからの転落が多くなってきている。
12月15日	急激に全身状態が悪化してきたため，本日から入院となる。入院の付き添いが必要で，サービス提供責任者が介助し病院まで送る。本人は病院嫌いで，以前から入院を拒否してきたが，今回は自ら入院を申し出る。	
1月5日	〈ケースワーカーから連絡〉 　入院中の本人に面会をしたいので同行してほしいとのこと。 　サービス提供責任者が病院に同行し本人に会う。サービス提供責任者の顔を見ると，安心するのか「家に帰りたい」とベッドで寝たまま漏らす。	身体状況が低下し座位ができない状態になっている。食事制限をしていたため，大柄な体格が痩せていた。担当者の顔を見ると，ベッド柵につかまり，「帰りたい」と訴えられ，複雑な心境になった。
1月21日	〈担当ヘルパーとサービス提供責任者で入院先の病院訪問〉 　本人の枕下やベッド周りにシートが敷かれ，あちこちに血痕が付着している。尿毒症末期の症状が出ている状態であった。 　変わり果てた本人の姿に驚いてしまったが，私たちの	

	ことが分かるようで，身体に触れると目を動かし応えてくれているようであった。今までの本人のがんばりについて声掛けをしたら，涙を流していた。	
1月22日	〈病院から受電〉 　本日病院で亡くなった，と連絡がある。	病院に訪問した翌日に亡くなったことで，ショックは大きかったが「私たちの思いは伝わった」と同席したヘルパーと互いに慰めあった。他の関わったヘルパーへの連絡はつらい報告となった。
1月26日	〈デスカンファレンス〉 　所内の会議室に，本人の写真と本人の好きだったミルクティを供えた。関わったヘルパーが本人の好物だったおやつを持参しお供えした後，本人を偲びながら，訪問時あった多くのエピソードを語りあった。 　壮絶な人生を送り，最後の1年は入退院をくり返し自暴自棄な暮らしぶりだったが，本人は病気と向かい合う中で「自分らしい生活」を過ごし，最期を迎えられたのかもしれない。日々のヘルパーとのやり取りが救いになったり，時には仇になったりはしたが，デスカンファを開くことによりヘルパーそれぞれの気持ちの整理をつけるよい機会となった。	

3　担当者の所感及び考察

▨▨サービス提供責任者より
●苦労したことや留意点など
・本人が左膝下切断してから生きる意欲を失くし投げやりになっていたことで，病気の管理に必要な食事制限を守らず，出前や配達でカロリーオーバーのものや，アルコールを注文していたこと。
・構音障害のため，コミュニケーションが取りづらく，聞き直すと機嫌を損ねられることもあり，慣れるまで苦労した。

●疑問点や不安であったことなど
　日々の体調が低下していく中で，医師からは「ある日突然，亡くなっている，という事態に遭遇することがあるかもしれない」といわれ，ヘルパーにも心構えをしてもらうように伝えたが，不安の気持ちがあった。

●うまくいったことなど
・高次脳機能障害で不得意動作があり，介助時に工夫が必要であった。ベッド転落時からの抱え上げの方法や，車いすへの移乗方法を作業療法士から教わり，直接ヘルパーへ伝えることができた。
・少しでも生きる意欲を持ってもらえるよう，誕生日やお正月などにヘルパーと楽しめることを考え，イベント時にお祝いを企画したことを，本人に喜んでもらえた。

●その他
・関係事業所は多いが，チーム支援体制が整っていたため，緊急事態が起きても速やかに連携が図れ，事業所として安心して関われたこと。
・デスカンファレンスを開催することで，ヘルパーも担当者も気持ちの整理をつけることができた。

▨▨ヘルパーより
●苦労したことや留意点など
　食事の管理をすることがなく，出前や甘いおやつ，ジュースを希望することが多かった。本人の体に良くないとは分かっていたが，理解が得られない時の対応に苦慮した。

●疑問点や不安であったことなど
　本人が思いを訴えるが，興奮するとほとんど聞き取れず，聞き直すと黙り込んでしまうため，しっかり聞こうとすればするほど不安を感じた。

●うまくいったことなど
　チームで利用者に関する情報が図れていたので，緊急対応時にも協力して迅速に対応することができた。
　本人の「入院せず，家で生活がしたい」という思いに対して，ヘルパーが力になれたこと。

第5章のまとめ

　在宅での看取りにはさまざまな福祉・医療のサービスを活用しても，必ずキーパーソンが必要だといわれます。在宅の場合は病院や施設のように24時間常時見守りの体制が組まれているわけではありません。基本はケアプランのもとで，決められた時間に援助者が訪問するという支援体制が組まれるので，支援時間以外に急変があった場合など，キーパーソンとなる家族がいなければ，迅速な対応ができないことも考えられます。

　今回とりあげた事例は，一人暮らしで終末を在宅で過ごしていた事例です。支援体制の特徴として，どちらも夜間対応型訪問介護を利用しています。夜間対応型訪問介護サービスは，2006年から施行された地域密着型サービスの一つで，夜間の定期的な巡回訪問や，利用者からの通報により随時訪問ができる訪問介護サービスです。特にターミナル期においては，昼夜問わず，緊急対応が必要な状況が発生することが多く，通報があれば，すぐにヘルパーが訪問し支援が行えるサービスは，利用者のコメントにあったように「御守り」のような安心のできるサービスであったのではないでしょうか。

　ただ，両事例の中であったように，介護保険制度では支給限度額というサービス利用の上限があるため，全ての通報に対応できるわけではありません。「① 御守り」の事例ではオペレーター（通報受付者）が通報内容を精査し，訪問するかどうか判断を迫られる状況で，テレビ電話内での会話で訴えを聞き，落ち着いてもらう働きかけを行っています。「② 緊急対応」の事例でも転倒や転落を予防する環境調整を行い，通報数を減少させる工夫を行っています。また独居の場合，ヘルパーにとっては「訪問した時に利用者が倒れていたり，急変されたりしたらどう対応したらよいのか」等の心理的な負担もあります。サービス提供責任者は，関係機関と連携して，ヘルパーに急変時の対応を含め，安心して訪問ができる体制を整えていくことが必要です。

　在宅で終末を希望する事例は今後増えてくることでしょう。2012年に始まった地域包括ケアシステムの中では24時間定期巡回，随時対応サービスというサービスが開始されています。今後安心して在宅で終末を過ごせるサービスの体制の充実が期待されるところです。

第6章

チームケア
について考える

　ターミナル期における利用者の状態は刻一刻と変化していきます。ヘルパーは変化していく利用者の身体状況を適宜把握し，適切なケアを実施していく必要があります。ただヘルパーは1人で利用者宅を訪問するので，不安に感じる場面も多くあると思います。またターミナル期の支援においては，ヘルパーだけではなく，医療機関をはじめ，多数のサービス事業所との連携が必要になってきます。
　ターミナル期に求められるチームケアとはどのようなものでしょうか。

1 自 宅
──「自宅に帰りたい」という希望を叶えるため他職種との連けいを進める

1 ケース概要

事例の概要	女性，92歳。 　肺炎のため入院後，急激に身体状況が悪化し，中心静脈栄養，モニター管理，たんの吸引などの医療的な管理が必要となった。本来，入院を継続することが望ましいが，本人の「自宅に帰りたい」，家族の「一度自宅に帰してあげたい」という希望により，医療機関やサービス実施機関と退院に向けて調整を行い，ヘルパーの支援を開始する。数日間，サービスを利用し，最後は自宅で亡くなられた。
家族状況	〈ジェノグラム〉　〈家族構成〉 　独居。 　家族の関わりは頻繁である。退院後は家族がキーパーソンとなり，本人宅に滞在する予定。
生活歴等	長く現住所で生活している。夫を亡くした以降，ヘルパー等の福祉サービスを利用しながら1人で生活をしていた。
心身の状況	認知症自立度　Ⅲb／寝たきり老人自立度　C2／要介護5 〈主な病歴・疾患など〉 　糖尿病，老衰による身体の生理機能の低下があり，自力で喀痰ができない。 〈現在の治療状況〉 　糖尿病の血糖値コントロール。 〈服薬状況〉 　中心静脈栄養で管理。
日常生活とコミュニケーション	〈ADL〉 寝返り：できない。 起き上がり：できない。 移乗：できない。

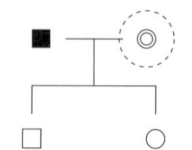

	歩行：できない。 入浴：行っていない（入院中はストレッチャー浴）。 食事：経口摂取は不可，中心静脈栄養による栄養摂取。 着脱：全介助。 排泄：排尿はバルンカテーテル，排便は訪問看護師による摘便。 〈コミュニケーション〉 視力：近くは見える。 聴力：大きな声であれば聞こえる。 意思の伝達・決定：簡単な内容であればできる。
訪問介護計画	〈本人の意向〉 　あと少しの命を病院で過ごすのではなく，退院して住み慣れた自宅で生活がしたい。 〈援助目標〉 　退院後，本人，家族が安心して在宅の生活が過ごせるよう支援を行う。 〈援助内容〉 　口腔ケア，清拭，着脱介助と体位交換，排泄介助。 〈週間スケジュール〉 |	月	火	水	木	金	土	日
---	---	---	---	---	---	---	---
午前	訪問看護 訪問看護	往診	訪問介護 訪問看護	訪問看護	訪問看護 訪問看護	往診	
午後								 〈訪問介護以外の支援サービス〉 ・福祉用具貸与：特殊寝台。 ・医療機関：往診（週2回），訪問看護。 ・家族親類：近隣在住の長男と交流が深く，本人宅に滞在し支援予定。
医療的ケアの実施内容	必要時，たんの吸引を行う。
医療従事者との連携	・在宅での支援体制について入院先の病院で主治医や看護師を交えたカンファレンスに出席し，事前の連携を図る。 ・ヘルパーが慣れるまで訪問看護師がヘルパーに同行し，ケアの留意点を確認しながら援助を進めていく体制をとる。

第6章　チームケアについて考える

| リスク対策 | ・体調急変時は主治医に連絡する。主治医は「救急搬送」か「看取り」の判断をする。 |

2 支援経過

日時	訪問経過	分析・考察・所感
6月10日	現在入院中の利用者。ターミナル期であり、最後は自宅で過ごしたいとの希望がある。退院後の在宅での支援のため、ヘルパーをお願いしたいとケアマネジャーから相談。 →入院中の病院でカンファレンス開催の予定があり、サービス提供責任者に出席依頼。	
6月15日	〈ケアカンファレンス〉（入院中の病院にて） ・退院に向けての支援体制を確認する。 ・本人の状態は、中心静脈栄養やモニター管理、たん吸引など在宅での医療的管理が必要で、訪問看護や往診などの在宅医療の支援体制が導入予定。ヘルパーは清潔保持に関する支援を中心に行う。必要に応じてたん吸引を行うので、病棟看護師から指導を受ける機会をもうける。 ・家族が、カンファレンス出席者のことを本人に「家に帰る相談をするために集まってもらったのですよ」と伝えると「ありがとうございます」と目をしっかり開き話していた。	病棟看護師によれば、帰宅意欲がでており、発声が活発になってきているとのこと。 本人は複数の医療機器を使用しているため、使用方法などを熟知しておく必要がある。
6月21日	〈病棟訪問〉（サービス提供責任者、担当ヘルパー） 　病棟の看護師から、たん吸引の手技、排泄介助の方法を、理学療法士からポジショニングの指導をそれぞれ受ける。 　退院時に在宅での担当訪問看護師から指導を受けることを確認する。	
6月30日	〈ケアカンファレンス〉（病院にて） 　病院主治医、在宅主治医が出席し、病状についての申し送りと在宅の支援体制の確認を行う。退院日は7月10日に決定する。	
7月10日	本日退院。本人に「ご自宅ですよ、分かりますか」と問いかけるとにっこりとほほ笑む。 〈サービス担当者会議〉 訪問看護師からヘルパー援助時の留意点の伝達を受ける。 ・事前準備 　手洗い・消毒・マスク着用	訪問看護師から直接指導を受けた内容を担当するヘルパーが書面で確認できるよう、手順書を作成する。

	・パルスオキシメーター（動脈血酸素飽和度を計る医療機器）の確認 　数値の低下があれば、アラームが鳴る。鳴った場合は接続部分の確認や向きを変えてみる。本人の手指を温める等を試みる。 ・口腔ケア 　手袋を着用し、上あご、上下の歯茎の汚れを拭きとる。スポンジを使用した際は、水分をしっかり拭き取る。 ・たん吸引 　たんが溜まっていると、本人が苦しい表情になるので、吸引器を所定の圧に設定し、口腔から吸引を行う。 ・着脱、体位変換時 　ベッド操作や、体位変換時は点滴、蓄尿袋、各ケーブルなどを挟まないように気をつけて行う。また、体を動かす際には、体調の確認をしながら実施する。 ・その他 　尿量を測定し、連絡ノートに記入する。 　ヘルパーが手順に慣れるまで、訪問看護師が同行し、指導を受ける。	
7月12日	〈初回訪問〉 　訪問看護師とサービス提供責任者、担当ヘルパーが同行訪問。 　全身清拭時の体位保持などを行う。サービス提供責任者と担当ヘルパーが着脱介助や陰部洗浄時にチューブやパルスオキシメーターなどの位置の確認を行いながら援助する。	ヘルパーの単独訪問に向けて、スムーズに援助ができるようにしたいが、さまざまな医療機器があるため、注意点を把握する。
7月14日	〈同行訪問〉 　サービス提供責任者、担当ヘルパーで訪問する。訪問看護師も同行し、着脱介助と口腔ケアを実施する。 　たん吸引は訪問看護師が行い、ヘルパーの対応はない。	声掛けを行うが、反応は薄い。長男は寝る間もなく、本人に関わっている様子。
7月16日	本人、自宅で亡くなったとの報告を担当ケアマネジャーから受け、支援を終了する。	数回の訪問であったが、本人が望んだ退院をかなえる支援にわずかでも携われたことで、達成感があった。

3　担当者の所感及び考察

▰サービス提供責任者・ヘルパーより

●苦労したことや留意点など

　在宅酸素，モニター測定，点滴，バルンカテーテルなど，身体のいたるところに管やチューブが接続されており，体位変換時に身体保持の角度やチューブの位置確認が1人では対応できず，サービス提供責任者とヘルパーの2人介助で援助を行った。

●疑問点や不安であったことなど

　ターミナルケアで医療的管理も必要であったため，支援を開始する前にヘルパーと十分な準備を行ったつもりだったが，実際に援助する際の不安は強く，援助中の緊張は拭えなかった。今回は訪問看護師のフォローがあったが，ヘルパーが1人で訪問した時にモニターのアラームが鳴ったり，本人の状態が急変したりした場合など，どう対応すればよいのか不安になったのではないかと感じる。

●うまくいったことなど

　病院でのカンファレンスや訪問看護師の指導など，医療関係者と連携する機会があったので，医療的な留意点や家族とのコミュニケーションが細かくとれた。またヘルパーは利用者に負担のない範囲で複数のヘルパーで訪問して引継ぎを行い，ヘルパー間での連けいを意識した引継ぎが行えた。

●その他

　比較的，元気な頃からヘルパーを利用していたので，最期までヘルパーが関われたことがよかった。少しの時間だが，本人の「家に帰りたい」という希望に対して，家族を含め，1つのチームとなって関われたという達成感があった。

2 進　行
――病気が進行していく中で，ヘルパーの支援に求められるものとは

1　ケース概要

事例の概要	男性，67歳。 　ALS（筋萎縮性側索硬化症）を発症後，徐々に病状が悪化し，両上肢だけでなく，両下肢や首にも力が入らなくなり，移動，移乗，排泄，更衣，食事摂取など日常生活において，ほぼ全介助状態になっている。 　現在はデイサービス，医療系のデイケアでのリハビリ，ショートステイ利用，ヘッドレスト付きの車いすなどの福祉用具レンタルで在宅生活を維持している。 　ヘルパー2人介助でベッドから車いすへの移乗，トイレまでの移動介助をしてほしいとの意向があり，訪問介護の利用を開始したが，徐々に病状が悪化し最後は入院先の病院で亡くなった。
家族状況	〈ジェノグラム〉　　　　　　　〈家族構成〉 　　　　　　　　　　　　　　　妻：主たる介護者として全面的に介護しているが，持病もあり，介助に限界が出ている。 　　　　　　　　　　　　　　　長女・長男：それぞれに家庭や仕事があり，常時の対応は不可である。
生活歴等	自営業をしており，発病までは仕事一筋の生活であった。
心身の状況	認知症自立度　正常／寝たきり老人自立度　C2／身体障害者手帳（1種1級）／要介護5 〈主な病歴・疾患など〉 　ALSがゆっくりと進行しており，立位や歩行が困難になっている。 〈現在の治療状況〉 　毎週1回，主治医が往診。 〈服薬状況〉 　妻が薬と水を用意し，口に入れる介助を行っている。

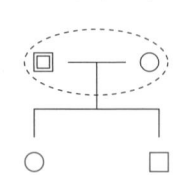

日常生活とコミュニケーション	〈ADL〉 寝返り：できない。手や腕が動かないため，同じ姿勢で寝ていると，血流が悪くなり両肩や背中の痛みで寝られない。妻に肩や腕を10分ほどさすってもらうと楽になる。 起き上がり：ギャジベッドを使用し妻が介助して起こしている。 移乗：妻が体幹や腰を支えて行う。 歩行：できない。室内はヘッドレスト付きの車いすで移動する。外出はリフト車を利用する。 入浴：デイサービスで全介助のリフト浴を利用している。 食事：妻が全介助している。 着脱：妻が全介助している。 排泄：便器への移乗，後始末，ズボンの上げ下げ，清拭，一連の行為に介助が必要。尿意や便意はあるため，そのつどトイレまで車いす介助で移動し行う。 〈コミュニケーション〉 視力：普通。 聴力：普通。 意思の伝達・決定：問題なし。
訪問介護計画	〈本人の意向〉 　電動車いすを使い，音声入力可能なパソコンの使い方の練習をしている。寝たきりの生活はしたくない。積極的にいろいろなことに挑戦したい。 〈家族の意向〉 　だんだん介護が大変になってくるので，いろいろなサービスを提案してもらったり，工夫して，楽に介護ができるようにしてほしい。 〈援助目標〉 　本人が快適に生活できるよう，また介護者である妻の介護負担軽減ができるよう支援する。 〈援助内容〉 食事介助：車いすでの食事介助。 排泄介助：ベッドから車いす。車いす介助でトイレ誘導し排泄介助。適宜おむつ交換。 衣類着脱介助：衣類や下着の着脱の全介助。 デイサービスへの送り出し介助。

〈週間スケジュール〉

	月	火	水	木	金	土	日
午前	訪問介護	訪問介護 通所リハ	訪問介護 通所介護	訪問介護	訪問介護	訪問介護 通所リハ	訪問介護 通所介護
午後	夜間対応型 訪問介護	夜間対応型 訪問介護	往診 夜間対応型 訪問介護	夜間対応型 訪問介護	夜間対応型 訪問介護	夜間対応型 訪問介護	夜間対応型 訪問介護

〈訪問介護以外の支援サービス〉

・ショートステイ（月3～4日）。
・福祉用具貸与：特殊寝台，床ずれ防止具，車いす。
・医療機関：主治医往診（水曜日）。通所リハビリ（火・土）。
・家族等の支援：主に妻が中心に介護している。長女，長男は必要時に支援。

医療的ケアの実施内容

たんの吸引

医療従事者との連携

　気管切開に伴い，たん吸引処置が必要となり，ヘルパーでの吸引を依頼したいとのことで事前研修の相談を行う。ケアマネジャーが主治医に指示書を依頼し，退院後のヘルパー訪問再開に向けて病院での研修を設定する。病棟看護師から，解剖学的見地を踏まえた吸引についての基本講義と，本人の状況及び留意点の説明を受け，吸引の講義と吸引器操作の実習を行う。最終的に本人に対して，看護師の指導の下で吸引実技の直接指導を受けることができた。退院後も訪問看護師の指導の下，数回同行し処置を行った。

リスク対策

　ヘルパーが訪問時に，状態の急変などがあった場合，主治医に連絡・救急搬送の場合は，指定病院へ。

2 支援経過

日時	訪問経過	分析・考察・所感
3月8日	〈サービス担当者会議〉 　サービス開始にあたり，アセスメントを行うため担当ケアマネジャーと利用者宅へ訪問する。	ゆっくりと進行している病状であるが，妻の急な体調不良のため，早急に介護サービスを利用する必要がある。介護方法についてもヘルパー2人介助やリフト利用など検討課題が多い。
3月9日	〈初回訪問〉 　本日は排便をしたいとのこと。妻が浣腸を入れる際の補助を行った後，ベッド→車いす→トイレ移乗を行った。本人が指示する介助方法を意向に沿うように行った。	かなり細かな部分までヘルパーの手の位置や物の位置などについて，本人から指示がある。指示通り動くのに追いつかない感じがする。
3月11日	〈臨時訪問〉 　トイレに行きたいとの通報を受けて臨時訪問する。	緊急を要するため，臨時でサービス提供責任者とヘルパーで介助する。その後臨時訪問がたびたびある。
4月30日	〈サービス担当者会議〉 　他事業所のヘルパーが派遣開始されるためサービス担当者会議を行う。	昼間の時間帯も排泄の希望が増えてきたため他事業所のヘルパー訪問が始まることで，安心できる援助体制が組めた。
7月14日	〈カンファレンス〉 ・誤嚥性肺炎のため，たんが出にくくなっている。今後，食事はとろみをつけたものに切り替える。 ・呼吸状態を把握するため，夜間はモニターで酸素飽和度をチェックし，人工呼吸器や吸引器の利用を行う。	抵抗力が落ちてきているので感染症に注意すること。また妻の体調がよくないため，妻のフォロー

		・訪問看護の利用で呼吸器リハビリテーションを行う。 ・訪問介護については夜間対応を検討する。	を考えなくてはならない。
1月23日		〈入院〉 肺炎のため入院	ここ何日か体調が悪く排泄に時間がかかっていた。
3月9日		〈退院前カンファレンス〉 　たんが出にくくなっているので、ヘルパー訪問時にスクイージング（気道にたまったたんをスムーズに出す方法）をしてほしいとのこと。 　伏臥位にして吸引チューブをくわえてもらい、口の中のたんを吸引器で吸い取ってほしいとのこと。	理学療法士から指導してもらうため、ヘルパーと研修に行きたい旨を依頼する。 　ビデオを撮り、資料に基づき、理学療法士に伏臥位の方法の指導を受ける。 　各ヘルパーに対して、くり返し介助の練習をする場を作ってもらえた。
10月30日		〈入院〉 入院中、誤嚥性肺炎となる。	ここ何日かたんの切れが悪かった。
12月25日		〈退院前カンファレンス〉 　気管切開の手術を行う。内服薬でたんが減少したので、スピーチカニューレ（発声できるカニューレ）に変更したが、酸素飽和度が下がり通常のカニューレに戻した。 　退院後はヘルパーでの吸引を依頼したいとのこと。	気管切開のため、話ができなくなってしまった。今後、補助具でコミュニケーションの方法を検討するが、当面アイコンタクトや、唇の動きを読まなければならない。
12月26日		〈医療的ケア研修〉 　病棟看護師から喀痰吸引の研修を受ける。何度も機会を作ってもらい担当ヘルパー、サービス提供責任者と参加する。 　手技の手順をビデオに撮らせてもらい、所内で再度ヘルパーと研修を行う。	看護師から、基本的な解剖見地の講義と、本人の個別な状況及び留意点の確認ができた。本人の同意で実技の研修が体験できた。

1月8日	〈退院〉 　退院後，訪問看護師に同行し吸引の手技を学ぶ。在宅での方法を妻と確認し進めていく。		慣れないながら，各ヘルパーが懸命に手技の習得に取り組んでいた。
6月21日	〈入院〉 　肺炎のため入院。喀痰検査の結果で点滴治療，中心静脈栄養を開始する。意識レベルは低下している。		体位変換器のレンタルを検討している。
7月10日	〈退院〉 　ケアプランはこれまで通りで変更はない。<u>主治医から車いすへの移乗，移動等，体力を奪う動作は避けた方がよいとのこと。</u>本人の意向に沿わないが，当面ベッド上での体位交換のみとし，様子をみて週に1回程度対応することとなった。	**Q1** 身体状況の変化から，通常計画の援助が実施できない場合は，どのように対応していけばよいでしょうか？	分泌物や喀痰は増えるとのこと。呼吸リハビリテーションやマッサージが必要だがヘルパーはどこまで対応できるのか。
9月17日	〈入院〉 　尿が出ないため救急搬送される。その後排尿状況は改善するが，本人の状態が急変し，入院後3日後に死去された。		腹部に尿がたまっているのか腫れ上がっていた。退院を願っていたが，残念な思いである。

第6章　チームケアについて考える　145

3 担当者の所感及び考察

▰▰▰サービス提供責任者より

●苦労したことや留意点など

　当初はトイレ誘導，ポータブルトイレの移乗介助に苦労した。本人の要望に応えることと，安全に配慮することが大変だった。

　その後スクイージング，吸引と医療的ケアが増えてくると，長く関わっている他事業所ヘルパーと比較された。

●疑問点や不安であったことなど

　吸引は10 cm以内という規定を守らなければいけないとヘルパーに伝えるものの「もう少し奥まで入れてほしい」といわれた。

・コミュニケーションがとれなくなってから，体をさすったり，清拭のみだったり排泄介助の援助がなかった。どのような支援が本人にとって良いのか試行錯誤した。

●うまくいったことなど

・当初から担当しているヘルパーが引き続き訪問できたので，信頼関係を築けた。

・2人介助のため安心感があり，関わりの浅いヘルパーも訪問が可能となった。

●その他

・本人，家族が意向をはっきりと伝えられるので，何をすればいいのか理解できた。同じ病気を抱える利用者を担当する時は，この経験をいかしたいと思った。

・担当ヘルパーが，それぞれにとって，よい経験になったといってくれたことがうれしかった

▰▰▰ヘルパーより

●苦労したことや留意点など

・車いすに移乗する際，微妙な姿勢の調整に時間を要した。

・会話ができなくなって以降，こちらが本人の表情による訴えを分からず残念な思いだった。

・終末が近づいてくるのが分かり，毎回「今日で最後だろうか」と思いながら辞去することがつらかった。

・妻から指摘をうけるたびに，「もっと援助をしたい」との思いが強くなっていった。

・「また来週」と必ず声掛けをするようにしていた。

●疑問点や不安であったことなど

・最後の訪問で，本人が何か言おうとしたが，気持ちをくみとれなかった。身体状況が低下していくのが目に見えて分かるのがつらかった。

・<u>感情移入をしてしまった。</u>

・本人がしゃべれなくなっ　　　**Q2** 感情移入することは悪いことですか？

てきたとき，気管切開する前に「拡声器ができて，しゃべれるかもしれない」といってしまった。本人に期待を持たせてしまい後悔がある。

●うまくいったことなど
・2人介助の安心感があり，活動時の不安や悩みが和らいだ。
・本人から細かく指示があるので，2人介助で勉強になった。
・あるヘルパーが「介助に邪魔になる」と長い髪を短く切り「すごい」と思った。いろいろなことを教えてもらった。
・本人からストレートに言われたことが，後から勉強になったと感じた。
・便を出すときに，お腹を押すよう言われたが初めは怖くてできなかった。本人から熱心に便の出し方を教えてもらった。
・ベテランのヘルパーと同行訪問ができ，介護の"いろは"を教えてもらった。不安感がかなり解消された。
・歌をうたったり，冗談を言ったり，にぎやかな訪問活動であったが，ほっとしてもらえる時間を作れた。
・スポーツが好きな方だったので，試合結果をチェックしてから訪問していた。

●その他
・今後の訪問に役に立つ経験ができた。
・いろいろ指摘をうけたが，うまくできた時はほめてもらったのでうれしかった。
・妻が明るく，献身的に支えており感動した。
・「病気だから」とあきらめず「受け入れていく本人の姿勢」に関われたことがうれしい。
・排便のしくみや吸引の手技，唾液のことなど，より詳細な知識が欲しかった。
・カンファレンスの回数を増やしてほしかった。体調などの細かな情報を事務所からメールで教えてもらえてよかった。

Q1 身体状況の変化から，通常計画の援助が実施できない場合は，どのように対応していけばよいでしょうか？

A 　ターミナル期に起こる身体上の変化について理解しておきましょう。最初は自力で歩けていても，疾病の進行から寝たきりになることや，食事や水分を口腔摂取することが困難になり，呼吸や意識レベルが低下してきます。また末期がんの利用者であれば全身の痛み，薬の副作用等による影響も発生します。そのため，トイレ誘導，食事介助などの計画で援助を進めていれば，身体状況の変化によって援助が困難になってくることは当然のことです。適宜，現在の身体状況に応じて援助内容や，また福祉用具などを活用しながら環境を調整していくことが必要になり，ケアマネジャーとも連けいしながら支援方法の見直しを行っていきます。
　痛みの訴えに対して，ヘルパーでできることは，痛む部分に手を添えたり，利用者の手を握るなどして，声掛けしたりしながら利用者のそばに寄り添うことです。痛みに対するケアは医療的な処置だけではありません。人は自分の身体の痛む部分があればそこに手をあてることがあります。「手当て」という言葉の通り，相手の痛む部分にそっと手を添えるだけでも，安心感を与えられるものです。ターミナルでは聴覚・触覚が最後に残ってくると言われます。ヘルパーとしてできる支援を最後までやり遂げたいものです。

Q2 感情移入することは悪いことですか？

A 　ヘルパーが利用者の痛みや苦しみに共感する姿勢は大事なことです。ただ過度な感情移入をし，利用者に対する思いが強くなればなるほど，ヘルパーとして客観的に利用者を見られなくなる恐れがあります。過度な感情移入は専門性を遠ざけることがあり，客観的な視点での業務がしづらくなる恐れがあります。また，逆に利用者から特定のヘルパーに対して強い信頼をおかれた場合には，チームケアにおいては良い影響を与えない場合があります。あくまでもチームの中の1人のスタッフだという自覚をもつことが必要です。
　訪問時以外でも影響が考えられます。利用者に強く感情移入していると，四六時中その利用者のことを考えてしまうことはなかったでしょうか。ターミナルでは近いうちに利用者との別れが必ずあります。もちろん利用者との別れを悲しむ気持ちは大切な感情ですが，ヘルパー自身が燃え尽きてしまうことも考えられます。大切なのはプロのヘルパーとして，自身が「どのような利用者に感情移入しやすいか」を自己覚知することです。感情をコントロールすることを心がけましょう。

3 デスカンファレンス
――支援終了後にケアを振り返ることでの気づき

1 ケース概要

事例の概要	男性，75歳。 　がんの進行による身体状況の低下から，ヘルパーの支援が開始する。 　当初，意識レベルや身体状況は安定していたが，体調が急変し，意識低下が見られ，ヘルパーによる移動や移乗などの介助が難しくなってきた。そのため訪問看護師の指示により，ヘルパーは声かけをしながら現状でできる支援（負担の少ない支援）を行うが，最終的に自宅で亡くなられた。
家族状況	〈ジェノグラム〉　〈家族構成〉 　　　　　　　　　妻：軽度の認知症状あり。 　　　　　　　　　長女：就労で平日不在。
生活歴等	自営業を営み，引退後は地域の役なども積極的にされていた。
心身の状況	認知症自立度　自立／寝たきり老人自立度　B2／要介護3 〈主な病歴・疾患など〉 　食道がんから骨に転移しその後胸椎に転移したため下半身麻痺となる。 〈現在の治療状況〉 　往診と訪問看護。 〈服薬状況〉 　家族が対応。
日常生活とコミュニケーション	〈ADL〉 寝返り：上半身はベッド柵を持って可能だが，下半身に麻痺があり，介助での体位変換が必要。 起き上がり：ベッドのギャッジアップ機能を使用。 移乗：全介助で対応。 歩行：不可。

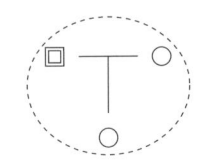

	入浴：シャワーチェアを利用し，訪問看護師とヘルパーで2人介助。 食事：セッティングすれば自立。 着脱：上半身は一部介助で可能。下半身は全介助で対応。 排泄：排尿はカテーテル。排便は訪問看護師で摘便対応。 〈コミュニケーション〉 ・視力・聴力：普通。 ・意思の伝達・決定：問題なし。
訪問介護 計　画	〈本人の意向〉 　住み慣れた自宅で生活していきたい。 〈家族の意向〉 　自宅で少しでも長く過ごしてほしい。 〈援助目標〉 ・褥瘡を悪化させないように，安全，安心に移乗や入浴を行う。 ・身体状況の確認を行いながら，医療機関との連携を図る。 〈援助内容〉（水曜，日曜のみの内容） 朝：ベッドから車いすへ移乗し，車いす介助で洗面所まで移動し，自身で口腔ケアを行う。 昼：車いすに座った状態で足浴を行う。必要時，ベッドへの移乗を行う。 夕（水）：訪問看護師と一緒にシャワー浴を行う。 夕（日）：ベッドへの移乗を行い，尿量の確認をし，廃棄を行う。 〈週間スケジュール〉

	月	火	水	木	金	土	日
午前	訪問介護 訪問介護	訪問介護 訪問介護	訪問介護 訪問介護	訪問介護 訪問介護	訪問介護 訪問リハ 訪問介護	訪問介護 訪問介護	訪問介護 訪問介護
午後	訪問看護	訪問リハ 訪問看護	訪問介護 訪問看護	訪問看護	訪問介護	訪問看護	訪問介護

〈訪問介護以外の支援サービス〉
・医療機関往診（月2回）と訪問看護。訪問リハビリ（週2回火・金）。
・家族：本人の希望時に長女が対応。

2　支援経過

日時	訪問経過	分析・考察・所感
12月1日	ケアマネジャーからヘルパー依頼。 　他事業所が入れない水・日のヘルパーをお願いしたい。本人は要支援認定を受けていたが、がんの進行に伴い身体状況が低下し、下半身が動かない状態になったので、移乗や移動をヘルパーでお願いしたい。	
12月3日	〈サービス担当者会議〉 　現在の状況や様子をうかがう。下半身に関しては全く動かず、介助なしでは移乗ができていない様子。援助内容は朝はベッドから車いすへ移乗し、夕方のヘルパー訪問時にベッドへ移乗させてほしいとのこと。昼間は基本的に車いすに座っているとのこと。	本人は意志をしっかり持っており、支援の際は必ず本人の確認が必要。
12月7日	〈初回訪問〉 　ベッドから車いすへの移乗時、スライドボードを使用し移乗する。移乗の際、カテーテルに注意を行い移乗する。車いすで洗面所に行き横付けする。自分で歯磨き等を行う。廊下幅が狭いために注意が必要。	面接時はベッドで横になっていたため、上背があまりないように思えたが、予想以上に体格が大きかった。移乗はスライドボードを使用するため、慣れるまでに注意が必要。
	〈引継ぎ同行〉 　昼の内容は、車いすに座った状態で足浴を行う。	
	〈引継ぎ同行〉 　訪問看護師と一緒にシャワー浴を行う。入浴前、訪問看護師がバイタルチェックをしている間に、入浴の準備やタオルの準備を行う。移乗は2人で行う。	2人介助のため、訪問看護師と確認を行いながら支援する。
12月8日	・ケアマネジャーより訪問看護師からの情報提供を受ける。 ・褥瘡の悪化防止のため、車いすでの座位時は、直角での座位保持をお願いしたいとのこと。また足裏などは、柔らかい物を敷き、除圧してほしいとのこと。 ・援助内容を担当ヘルパーに連絡し、サービス提供責任者も確認のため同行する。	

2月22日	本人の意識が低下してきており，服薬が難しい状態となっているとヘルパーから報告。 →ケアマネジャーへ本人の状態を報告し，サービス提供責任者が状態把握のため訪問する。	
	〈同行訪問〉 　すでに訪問看護師が到着しており，本人に問いかけをするが反応が薄い。訪問看護師より「今ヘルパーで，できる支援をしてほしい」とのこと。 　ベッド上で声かけをしながら足浴を実施する。	
2月26日	訪問看護事業所から本人が亡くなったとの連絡を受ける。昨日の夕方に訪問看護師が訪問した後に亡くなったとのこと。主治医等の連絡は翌日あり，昨夜は家族で一緒に過ごしていたとのこと。 →各ヘルパーへ連絡する。	
3月21日	〈デスカンファレンス〉 　訪問看護師，担当ヘルパー，サービス提供責任者が出席。 　各ヘルパーが個々の思いを話すことで，気持ちの整理と振り返りができたように感じた。当初ヘルパーのみでデスカンファレンスを開催する予定だったが，訪問看護師も参加することになり，訪問看護師からのアドバイスが聞け，参考になった。 ・Aヘルパー：急変だったので，とまどいがあった。先週訪問時には，いつもと同じであったため，どのように対応すればよいのか不安だった。 ・Bヘルパー：急変してから，ヘルパー訪問がなかったので，先週までの状況しか分からない。亡くなったとの連絡を受けた時はショックだった。 ・Cヘルパー：ヘルパー交代になり，少しだけの関わりだったが，穏やかな方だったので残念である。 ・サービス提供責任者：ターミナルであったことは理解していたが，急変時の対応を細かく確認できていなかったので，自分自身もとまどいがあった。ヘルパーへの指示も，基本的なことやその場で訪問看護師への確認しかできなかった。	**Q1** デスカンファレンスの開催の目安，参加者，準備などを教えてください。

・訪問看護師：ターミナル期の利用者の場合，いつ急変するか分からないため，その時その時を大事にすることが重要。また急変しても，本人に負担の少ない「できること」をし，状態のよい時の話などをして声かけをすることが大事である。ヘルパー自身も心がまえが必要。

3　担当者の所感及び考察

▰サービス提供責任者より
●苦労したことや留意点など
　週のうち2日が当事業所，他は別事業所が担当していたため，日々変化していく本人の状態の情報を把握することが難しかった。
●疑問点や不安であったことなど
　訪問看護師と連携が図れていて，本人の状態変化があった際に，看護師に連絡をすればすぐに訪問してくれていたので不安はなかった。もしすぐに訪問してもらえなければ，どのように対応していいか不安になったと思う。
●うまくいったことなど
　各ヘルパーから訪問時の報告が随時あり，サービス提供責任者も迅速に対応ができた。情報伝達を細かく行うように心がけたので，ヘルパーとの連携はできていた。
●その他
　ターミナルでの関わりであったが，当初本人の状態が安定していたため，急変時の対応が確認できていなかった。

▰ヘルパーより
●苦労したことや留意点など
・本人は下半身の感覚がなく，褥瘡やスキントラブルに注意が必要であり，移乗などの介助方法を各ヘルパーに伝えることに留意した。
・タオル1枚の厚さ，足の置く場所のズレなど安定するまで確認し，根気よく，細かくヘルパーは対応して，本人の安全，安心を常に心がけて取り組んでいたこと。
・自分自身ターミナルケアが全く初めてのため，本人に苦痛のないようにと心がけた。
●疑問点や不安であったことなど
・スライドボード使用での移乗のため，何度かスムーズに移乗できないことがあった。食事，服薬ができにくくなった時，それまであった笑顔や会話も少なくなり，訪問時間終了後に辞去するのは不安だった。
・体調が急変した時は不安だった。
・連絡ノートの訪問看護師の指示が専門的で分かりにくいことがあった。
●うまくいったことなど
・各ヘルパーが，本人の気持ちに寄り添い，本人の思いを傾聴し，希望に添った援助が行えた。またチームとしても連携ができていた。
・常に状況を報告し，連絡を密にして素早く対応できた。
●その他
・本人の明るさ，元気な声を聞いていると，援助者の方が勇気づけられた。本人の精神

力には頭が下がる思いだった。亡くなった後に，関わったヘルパーが思いを伝え合い，悲しみを共有できたことは，1人で抱え込まないで，一歩前へ進めるためにも有意義だった。ターミナルの訪問は，より緊張感を持って接するので，追悼の意味でも，またヘルパーのためにもデスカンファレンスは大切なことだと感じた。

・デスカンファレンスに参加し，お互いの経験談を聞けたこと，試行錯誤で行ったことに対して，あれでよかったのかどうか，別のよい方法があったのではないか，などの確認ができてよかった。

Q1 デスカンファレンスの開催の目安，参加者，準備などを教えてください。

A 　デスカンファレンスとは利用者の死去後に行うカンファレンスです。開催する目的としては，実施したケアの振り返り，チームで支援した役割の確認，メンバー同士の気持ちの共有や相互の労いなどがあげられます。開催時期としてはできるだけ早く支援終了後に実施することが望ましいでしょう。

　参加者は事業所で行うのであれば，サービス提供責任者が中心となり担当していたヘルパーが対象となりますが，今回の事例のように看護師など他職種の参加があれば，それぞれの専門的見地からの考え方を学べることが期待できます。

　精一杯支援した利用者が亡くなられると，家族と同様にヘルパーも悲嘆にくれるのが普通です。参加したヘルパーが今感じている感情を自由に表出できるように，発言しやすい雰囲気で進行できるように工夫が必要です。

第6章まとめ

　ヘルパーは単独で援助を行う場合が多いですが，どの事例も必ずチームで利用者と関わり支援を行っている，という意識を持たなくてはなりません。特に，ターミナル期においては，支援経過中に医師，訪問看護師，他の介護サービスなど多くの関係機関が支援に関わる場合もあり，事業所間同士の連携が必要になってきます。またターミナル期の利用者にはたん吸引や褥瘡処置など，医療的管理が必要な利用者も少なくありませんし，実際にヘルパーが医療的ケアに携わることもあるでしょう。

　「①自宅」「②進行」の事例では，たん吸引の医療的ケアが必要な事例です。医療的ケアを実施するにあたり，事前に医療・看護職と手技の伝達も含め，十分な打ち合わせを行い，ケアを実施しています。一つ目の事例のように，支援が短期間で終了する場合もありますが，ヘルパーが安全に自信を持って行えるよう，周到な準備が必要です。ターミナル期や「②進行」の事例のように進行性の難病の利用者については，日々変化していく利用者の状態を適切に把握し，必要に応じて，他職種へ情報を伝えていく役割もあります。痛みの状況，食事摂取の状況，全身状態など，利用者の状態を適切に把握し伝える能力が求められます。ケアプランによっては，ヘルパーが1日複数回訪問するなど，医療・看護職より利用者の状態を観察する機会が多く，そのためにはヘルパー間の情報共有は重要です。日々関係機関同士で共有し，サービス提供責任者を中心に情報把握に努め，共有を行うことができれば，ヘルパーも安心して訪問できることでしょう。

　ターミナルケアの利用者に携わる機会があれば，支援終了後のデスカンファレンスは効果的です。「③デスカンファレンス」の事例では，支援終了後に担当ヘルパーでカンファレンスを開催しています。ヘルパーが利用者の死を受け入れられない場合や，気持ちの整理がつかないことも多くあると思います。ヘルパーがターミナルケアを担当することで学ぶことの中に「できたこと」「できなかったこと」「利用者とのエピソード」などそれぞれに活動の振り返りを行い，関わったヘルパー同士で気持ちを共有することで，ヘルパー自身の成長やチームの絆も再確認でき，次のよりよい支援に結びついていくのではないでしょうか。

資料編

資料1　介護職員等によるたんの吸引等の実施のための制度について[1]
（「社会福祉士及び介護福祉士法」の一部改正）

趣旨
介護福祉士及び一定の研修を受けた介護職員等は，一定の条件の下にたんの吸引等の行為を実施できることとする。

実施可能な行為
たんの吸引その他の日常生活を営むのに必要な行為であって，医師の指示の下に行われるもの
　保健師助産師看護師法の規定にかかわらず，診療の補助として，たんの吸引等を行うことを業とすることができる。具体的な行為については省令で定める
→たんの吸引（口腔内，鼻腔内，気管カニューレ内部）
→経管栄養（胃ろう，腸ろう，経鼻経管栄養）

介護職員等の範囲
　①　介護福祉士
→具体的な養成カリキュラムは省令で定める
　②　介護福祉士以外の介護職員等
→一定の研修を修了した者を都道府県知事が認定，認定証の交付事務は都道府県が登録研修機関に委託可能

登録研修機関
　①　たんの吸引等の研修を行う機関を都道府県知事に登録（全ての要件に適合している場合は登録）
　②　登録の要件
・基本研修，実地研修を行うこと
・医師・看護師その他の者を講師として研修業務に従事
・研修業務を適正・確実に実施するための基準に適合
・具体的な要件については省令で定める
→登録研修機関の指導監督に必要な登録の更新制，届出，改善命令等の規定を整備

登録事業者
　①　自らの事業の一環として，たんの吸引等の業務を行う者は，事業所ごとに都道府県知事に登録（全ての要件に適合している場合は登録）

② 登録の要件
・医師,看護職員等の医療関係者との連携の確保
・記録の整備その他安全かつ適正に実施するための措置
・具体的な要件については省令で定める
→登録事業者の指導監督に必要な届出,報告徴収等の規定を整備。

→対象となる施設・事業所等の例[(2)]
　・介護関係施設(特別養護老人ホーム,老人保健施設,グループホーム,有料老人ホーム,通所介護,短期入所生活介護等)
　・障害者支援施設等(通所施設及びケアホーム等)
　・在宅(訪問介護,重度訪問介護(移動中や外出先を含む)等)
　・特別支援学校
　・医療機関は対象外

実施時期及び経過措置
① 平成24年4月1日施行(介護福祉士については平成27年4月1日施行。ただし,それ以前であっても,一定の研修を受ければ実施可能)。
② 現在,一定の条件の下にたんの吸引等を実施している者が新たな制度の下でも実施できるために必要な経過措置。

注
(1) 厚生労働省ホームページ『喀痰吸引等(たんの吸引等)の制度について』より抜粋(2012年12月20日閲覧)。
(2) 介護職員等によるたんの吸引等の実施のための制度のあり方に関する検討会「中間まとめ」。

資料1-1　喀痰吸引等制度の全体像（概要）

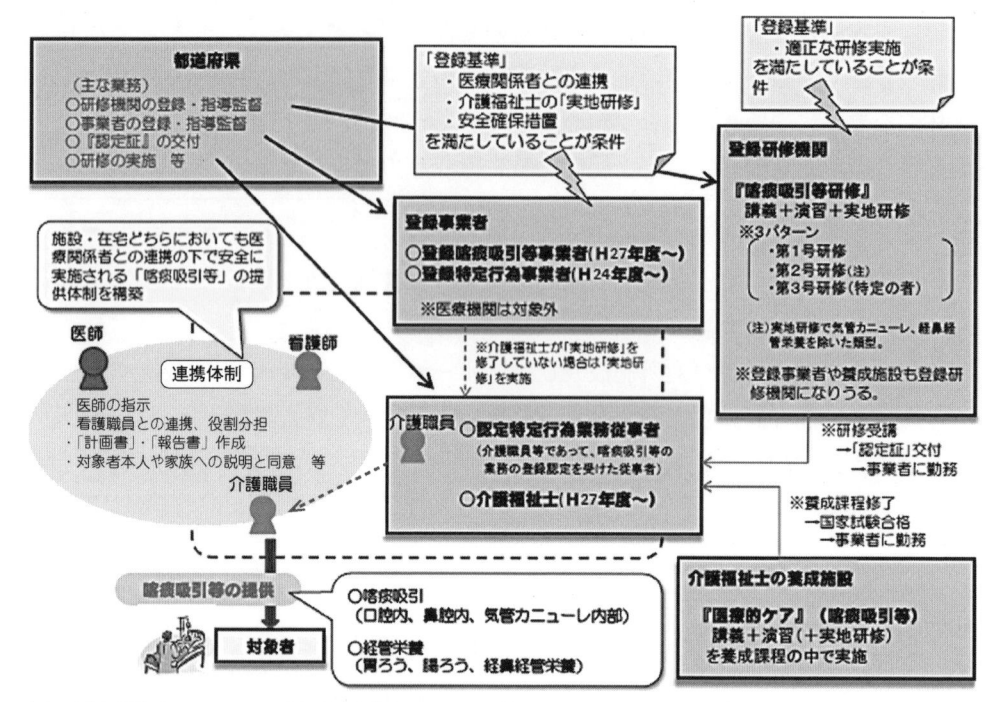

出所：厚生労働省ホームページ「喀痰吸引等（たんの吸引等）の制度について」の「（参考）制度周知パンフレット（平成23年11月版）」より抜粋。2012年12月20日閲覧。

資料1-2　喀痰吸引等の実施に至るまで

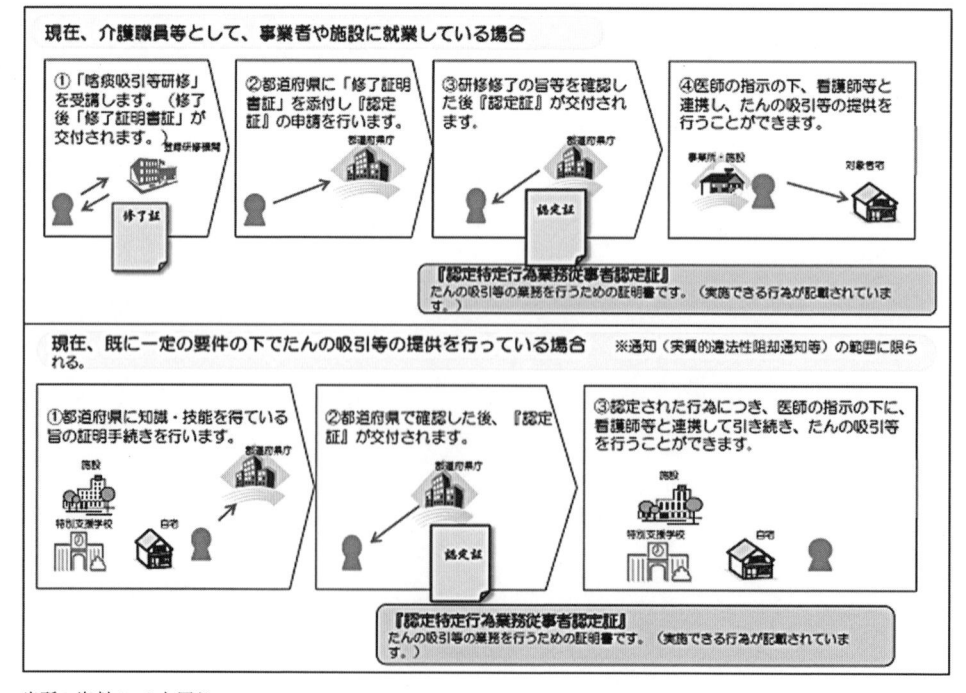

出所：資料1-1と同じ。

資料1-3 喀痰吸引等の提供（具体的なイメージ：在宅の場合）

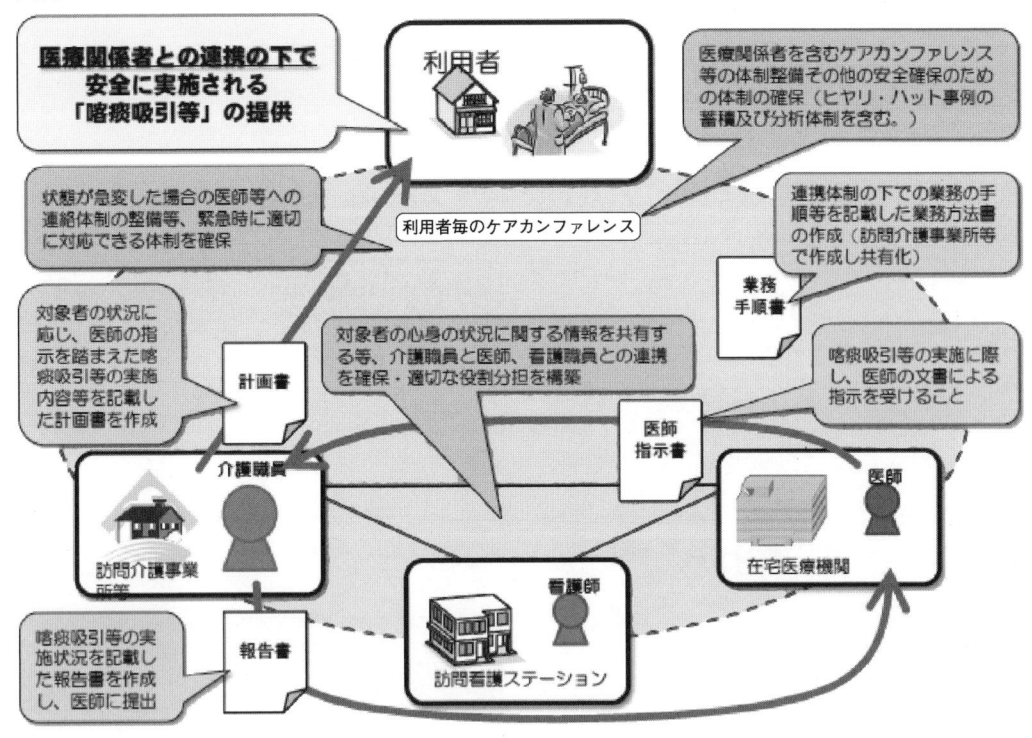

医療関係者との連携の下で安全に実施される「喀痰吸引等」の提供

- 医療関係者を含むケアカンファレンス等の体制整備その他の安全確保のための体制の確保（ヒヤリ・ハット事例の蓄積及び分析体制を含む。）
- 利用者毎のケアカンファレンス
- 状態が急変した場合の医師等への連絡体制の整備等、緊急時に適切に対応できる体制を確保
- 連携体制の下での業務の手順等を記載した業務方法書の作成（訪問介護事業所等で作成し共有化）業務手順書
- 対象者の状況に応じ、医師の指示を踏まえた喀痰吸引等の実施内容等を記載した計画書を作成　計画書
- 対象者の心身の状況に関する情報を共有する等、介護職員と医師、看護職員との連携を確保・適切な役割分担を構築
- 喀痰吸引等の実施に際し、医師の文書による指示を受けること　医師指示書
- 喀痰吸引等の実施状況を記載した報告書を作成し、医師に提出　報告書

利用者／介護職員／訪問介護事業所等／訪問看護ステーション／看護師／医師／在宅医療機関

出所：資料1-1と同じ。

資料2　喀痰吸引等関係の法令及び通知等の一覧

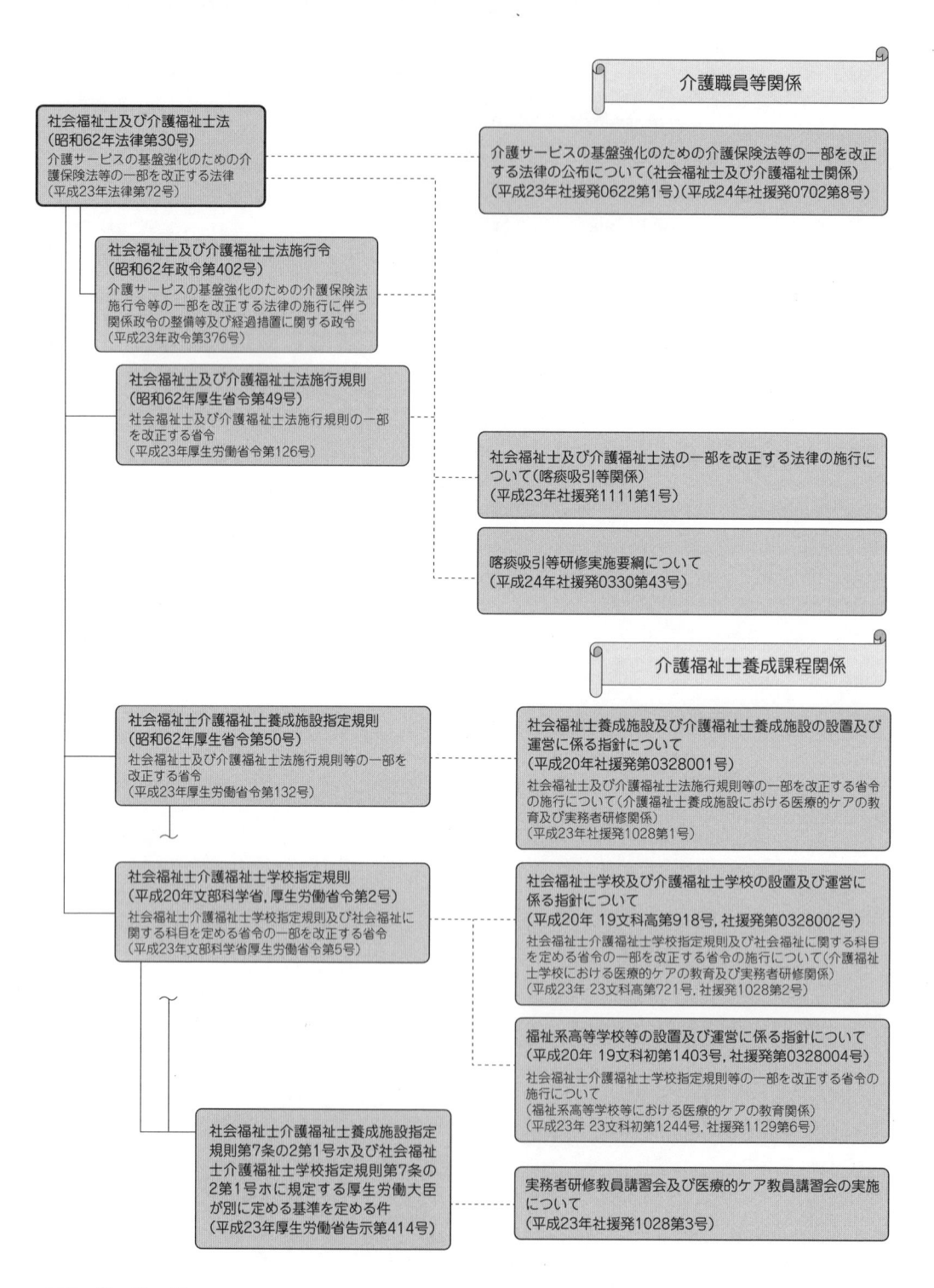

【介護職員等関係】

- 社会福祉士及び介護福祉士法
（昭和62年法律第30号）
介護サービスの基盤強化のための介護保険法等の一部を改正する法律
（平成23年法律第72号）

  - 社会福祉士及び介護福祉士法施行令
（昭和62年政令第402号）
介護サービスの基盤強化のための介護保険法施行令等の一部を改正する法律の施行に伴う関係政令の整備等及び経過措置に関する政令
（平成23年政令第376号）

  - 社会福祉士及び介護福祉士法施行規則
（昭和62年厚生省令第49号）
社会福祉士及び介護福祉士法施行規則の一部を改正する省令
（平成23年厚生労働省令第126号）

- 介護サービスの基盤強化のための介護保険法等の一部を改正する法律の公布について（社会福祉士及び介護福祉士関係）
（平成23年社援発0622第1号）（平成24年社援発0702第8号）

- 社会福祉士及び介護福祉士法の一部を改正する法律の施行について（喀痰吸引等関係）
（平成23年社援発1111第1号）

- 喀痰吸引等研修実施要綱について
（平成24年社援発0330第43号）

【介護福祉士養成課程関係】

- 社会福祉士介護福祉士養成施設指定規則
（昭和62年厚生省令第50号）
社会福祉士及び介護福祉士法施行規則等の一部を改正する省令
（平成23年厚生労働省令第132号）

- 社会福祉士介護福祉士学校指定規則
（平成20年文部科学省,厚生労働省令第2号）
社会福祉士介護福祉士学校指定規則及び社会福祉に関する科目を定める省令の一部を改正する省令
（平成23年文部科学省厚生労働省令第5号）

- 社会福祉士介護福祉士養成施設指定規則第7条の2第1号ホ及び社会福祉士介護福祉士学校指定規則第7条の2第1号ホに規定する厚生労働大臣が別に定める基準を定める件
（平成23年厚生労働省告示第414号）

- 社会福祉士養成施設及び介護福祉士養成施設の設置及び運営に係る指針について
（平成20年社援発第0328001号）
社会福祉士及び介護福祉士法施行規則等の一部を改正する省令の施行について（介護福祉士養成施設における医療的ケアの教育及び実務者研修関係）
（平成23年社援発1028第1号）

- 社会福祉士学校及び介護福祉士学校の設置及び運営に係る指針について
（平成20年 19文科高第918号,社援発第0328002号）
社会福祉士介護福祉士学校指定規則及び社会福祉に関する科目を定める省令の一部を改正する省令の施行について（介護福祉士学校における医療的ケアの教育及び実務者研修関係）
（平成23年 23文科高第721号,社援発1028第2号）

- 福祉系高等学校等の設置及び運営に係る指針について
（平成20年 19文科初第1403号,社援発第0328004号）
社会福祉士介護福祉士学校指定規則等の一部を改正する省令の施行について
（福祉系高等学校等における医療的ケアの教育関係）
（平成23年 23文科初第1244号,社援発1129第6号）

- 実務者研修教員講習会及び医療的ケア教員講習会の実施について
（平成23年社援発1028第3号）

資料3　社会福祉士及び介護福祉法（抄録）

（昭和62年5月26日法律第30号）
最終改正：平成23年6月24日法律第74号

＊本書にかかわる部分を抄録

（定義）

第2条　この法律において「社会福祉士」とは，第28条の登録を受け，社会福祉士の名称を用いて，専門的知識及び技術をもつて，身体上若しくは精神上の障害があること又は環境上の理由により日常生活を営むのに支障がある者の福祉に関する相談に応じ，助言，指導，福祉サービスを提供する者又は医師その他の保健医療サービスを提供する者その他の関係者（第47条において「福祉サービス関係者等」という。）との連絡及び調整その他の援助を行うこと（第7条及び第47条の2において「相談援助」という。）を業とする者をいう。

2　この法律において「介護福祉士」とは，第42条第1項の登録を受け，介護福祉士の名称を用いて，専門的知識及び技術をもつて，身体上又は精神上の障害があることにより日常生活を営むのに支障がある者につき心身の状況に応じた介護（喀痰吸引その他のその者が日常生活を営むのに必要な行為であつて，医師の指示の下に行われるもの（厚生労働省令で定めるものに限る。以下「喀痰吸引等」という。）を含む。）を行い，並びにその者及びその介護者に対して介護に関する指導を行うこと（以下「介護等」という。）を業とする者をいう。

（保健師助産師看護師法との関係）

第48条の2　介護福祉士は，保健師助産師看護師法（昭和23年法律第203号）第31条第1項及び第32条の規定にかかわらず，診療の補助として喀痰吸引等を行うことを業とすることができる。

2　前項の規定は，第42条第2項において準用する第32条第2項の規定により介護福祉士の名称の使用の停止を命ぜられている者については，適用しない。

（喀痰吸引等業務の登録）

第48条の3　自らの事業又はその一環として，喀痰吸引等（介護福祉士が行うものに限る。）の業務（以下「喀痰吸引等業務」という。）を行おうとする者は，その事業所ごとに，その所在地を管轄する都道府県知事の登録を受けなければならない。

2　前項の登録（以下この章において「登録」という。）を受けようとする者は，厚生労働省令で定めるところにより，次に掲げる事項を記載した申請書を都道府県知事に提出しなければならない。

一　氏名又は名称及び住所並びに法人にあつては，その代表者の氏名
　二　事業所の名称及び所在地
　三　喀痰吸引等業務開始の予定年月日
　四　その他厚生労働省令で定める事項
（欠格条項）
第48条の4　次の各号のいずれかに該当する者は，登録を受けることができない。
　一　禁錮以上の刑に処せられ，その執行を終わり，又は執行を受けることがなくなつた日から起算して2年を経過しない者
　二　この法律の規定その他社会福祉又は保健医療に関する法律の規定であつて政令で定めるものにより，罰金の刑に処せられ，その執行を終わり，又は執行を受けることがなくなつた日から起算して2年を経過しない者
　三　第48条の7の規定により登録を取り消され，その取消しの日から起算して2年を経過しない者
　四　法人であつて，その業務を行う役員のうちに前三号のいずれかに該当する者があるもの
（登録基準）
第48条の5　都道府県知事は，第48条の3第2項の規定により登録を申請した者が次に掲げる要件の全てに適合しているときは，登録をしなければならない。
　一　医師，看護師その他の医療関係者との連携が確保されているものとして厚生労働省令で定める基準に適合していること。
　二　喀痰吸引等の実施に関する記録が整備されていることその他喀痰吸引等を安全かつ適正に実施するために必要な措置として厚生労働省令で定める措置が講じられていること。
　三　医師，看護師その他の医療関係者による喀痰吸引等の実施のための体制が充実しているため介護福祉士が喀痰吸引等を行う必要性が乏しいものとして厚生労働省令で定める場合に該当しないこと。
2　登録は，登録簿に次に掲げる事項を記載してするものとする。
　一　登録年月日及び登録番号
　二　第48条の3第2項各号に掲げる事項
（変更等の届出）
第48条の6　登録を受けた者（以下「登録喀痰吸引等事業者」という。）は，第48条の3第2項第一号から第三号までに掲げる事項を変更しようとするときはあらかじめ，同項第四号に掲げる事項に変更があつたときは遅滞なく，その旨を都道府県知事に届け出なければならない。
2　登録喀痰吸引等事業者は，喀痰吸引等業務を行う必要がなくなつたときは，遅滞なく，その旨を都道府県知事に届け出なければならない。

3　前項の規定による届出があつたときは，当該登録喀痰吸引等事業者の登録は，その効力を失う。

（登録の取消し等）

第48条の7　都道府県知事は，登録喀痰吸引等事業者が次の各号のいずれかに該当するときは，その登録を取り消し，又は期間を定めて喀痰吸引等業務の停止を命ずることができる。

　　一　第48条の4各号（第三号を除く。）のいずれかに該当するに至つたとき。
　　二　第48条の5第1項各号に掲げる要件に適合しなくなつたとき。
　　三　前条第1項の規定による届出をせず，又は虚偽の届出をしたとき。
　　四　虚偽又は不正の事実に基づいて登録を受けたとき。

（公示）

第48条の8　都道府県知事は，次に掲げる場合には，その旨を公示しなければならない。

　　一　登録をしたとき。
　　二　第48条の6第1項の規定による届出（氏名若しくは名称若しくは住所又は事業所の名称若しくは所在地に係るものに限る。）があつたとき。
　　三　第48条の6第2項の規定による届出があつたとき。
　　四　前条の規定により登録を取り消し，又は喀痰吸引等業務の停止を命じたとき。

（準用）

第48条の9　第19条及び第20条の規定は，登録喀痰吸引等事業者について準用する。この場合において，これらの規定中「厚生労働大臣」とあるのは，「都道府県知事」と読み替えるものとする。

（厚生労働省令への委任）

第48条の10　第48条の3から前条までに規定するもののほか，喀痰吸引等業務の登録に関し必要な事項は，厚生労働省令で定める。

第54条　次の各号のいずれかに該当するときは，その違反行為をした指定試験機関又は指定登録機関の役員又は職員は，20万円以下の罰金に処する。

　　一　第17条（第37条，第41条第3項及び第43条第3項において準用する場合を含む。）の規定に違反して帳簿を備えず，帳簿に記載せず，若しくは帳簿に虚偽の記載をし，又は帳簿を保存しなかつたとき。
　　二　第19条（第37条，第41条第3項及び第43条第3項において準用する場合を含む。）の規定による報告をせず，又は虚偽の報告をしたとき。
　　三　第20条第1項（第37条，第41条第3項及び第43条第3項において準用する場合を含む。）の規定による立入り若しくは検査を拒み，妨げ，若しくは忌避し，又は質問に対して陳述をせず，若しくは虚偽の陳述をしたとき。
　　四　第21条（第37条，第41条第3項及び第43条第3項において準用する場合を含む。）の許可を受けないで試験事務又は登録事務の全部を廃止したとき。

第55条 次の各号のいずれかに該当するときは，その違反行為をした者は，20万円以下の罰金に処する。
　一　第48条の9において準用する第19条の規定による報告をせず，又は虚偽の報告をしたとき。
　二　第48条の9において準用する第20条第1項の規定による立入り若しくは検査を拒み，妨げ，若しくは忌避し，又は質問に対して陳述をせず，若しくは虚偽の陳述をしたとき。

第56条 法人の代表者又は法人若しくは人の代理人，使用人その他の従業者が，その法人又は人の業務に関して第53条第四号若しくは第五号又は前条の違反行為をしたときは，行為者を罰するほか，その法人又は人に対しても各本条の罰金刑を科する。

　　附　則
（認定特定行為業務従事者に係る特例）

第3条 介護の業務に従事する者（介護福祉士を除く。次条第2項において同じ。）のうち，同条第1項の認定特定行為業務従事者認定証の交付を受けている者（以下「認定特定行為業務従事者」という。）は，当分の間，保健師助産師看護師法第31条第1項及び第32条の規定にかかわらず，診療の補助として，医師の指示の下に，特定行為（喀痰吸引等のうち当該認定特定行為業務従事者が修了した次条第2項に規定する喀痰吸引等研修の課程に応じて厚生労働省令で定める行為をいう。以下同じ。）を行うことを業とすることができる。ただし，次条第4項の規定により特定行為の業務の停止を命ぜられている者については，この限りでない。

2　認定特定行為業務従事者は，特定行為の業務を行うに当たつては，医師，看護師その他の医療関係者との連携を保たなければならない。

第4条 認定特定行為業務従事者認定証は，厚生労働省令で定めるところにより，都道府県知事が交付する。

2　認定特定行為業務従事者認定証は，介護の業務に従事する者に対して認定特定行為業務従事者となるのに必要な知識及び技能を修得させるため，都道府県知事又はその登録を受けた者（以下「登録研修機関」という。）が行う研修（以下「喀痰吸引等研修」という。）の課程を修了したと都道府県知事が認定した者でなければ，その交付を受けることができない。

3　都道府県知事は，次の各号のいずれかに該当する者に対しては，認定特定行為業務従事者認定証の交付を行わないことができる。
　一　成年被後見人又は被保佐人
　二　禁錮以上の刑に処せられ，その執行を終わり，又は執行を受けることがなくなつた日から起算して2年を経過しない者
　三　この法律の規定その他社会福祉又は保健医療に関する法律の規定であつて政令で定めるものにより，罰金の刑に処せられ，その執行を終わり，又は執行を受けること

四　第42条第2項において準用する第32条第1項第二号又は第2項の規定により介護福祉士の登録を取り消され，その取消しの日から起算して2年を経過しない者
　　五　次項の規定により認定特定行為業務従事者認定証の返納を命ぜられ，その日から2年を経過しない者
4　都道府県知事は，認定特定行為業務従事者が次の各号のいずれかに該当する場合には，期間を定めて特定行為の業務を停止し，又はその認定特定行為業務従事者認定証の返納を命ずることができる。この場合において，当該処分の実施に関し必要な事項は，政令で定める。
　　一　前項各号（第五号を除く。）のいずれかに該当するに至つた場合
　　二　前号に該当する場合を除くほか，特定行為の業務に関し不正の行為があつた場合
　　三　虚偽又は不正の事実に基づいて認定特定行為業務従事者認定証の交付を受けた場合
5　前各項に定めるもののほか，認定特定行為業務従事者認定証の交付，再交付及び返納，第2項の都道府県知事の認定その他認定特定行為業務従事者に関し必要な事項は，厚生労働省令で定める。

（認定特定行為業務従事者認定証の交付事務の委託）

第5条　都道府県知事は，厚生労働省令で定めるところにより，前条に規定する認定特定行為業務従事者認定証に関する事務（認定特定行為業務従事者認定証の返納に係る事務その他政令で定める事務を除く。次項において「認定証交付事務」という。）の全部又は一部を登録研修機関に委託することができる。
2　前項の規定により認定証交付事務の委託を受けた登録研修機関の役員（法人でない登録研修機関にあつては，前条第2項の登録（次条から附則第9条まで並びに附則第16条，第17条及び第19条において「登録」という。）を受けた者）若しくは職員又はこれらの職にあつた者は，当該委託に係る認定証交付事務に関して知り得た秘密を漏らしてはならない。

（登録の申請）

第6条　登録は，厚生労働省令で定めるところにより，事業所ごとに，喀痰吸引等研修を行おうとする者の申請により行う。

（欠格条項）

第7条　次の各号のいずれかに該当する者は，登録を受けることができない。
　　一　禁錮以上の刑に処せられ，その執行を終わり，又は執行を受けることがなくなつた日から起算して2年を経過しない者
　　二　この法律の規定その他社会福祉又は保健医療に関する法律の規定であつて政令で定めるものにより，罰金の刑に処せられ，その執行を終わり，又は執行を受けることがなくなつた日から起算して2年を経過しない者

三　附則第16条の規定により登録を取り消され、その取消しの日から起算して2年を経過しない者
四　法人であつて、その業務を行う役員のうちに前三号のいずれかに該当する者があるもの

（登録基準）

第8条　都道府県知事は、附則第6条の規定により登録を申請した者が次に掲げる要件の全てに適合しているときは、登録をしなければならない。
一　喀痰吸引等に関する法律制度及び実務に関する科目について喀痰吸引等研修の業務を実施するものであること。
二　前号の喀痰吸引等に関する実務に関する科目にあつては、医師、看護師その他の厚生労働省令で定める者が講師として喀痰吸引等研修の業務に従事するものであること。
三　前二号に掲げるもののほか、喀痰吸引等研修の業務を適正かつ確実に実施するに足りるものとして厚生労働省令で定める基準に適合するものであること。
2　登録は、研修機関登録簿に次に掲げる事項を記載してするものとする。
一　登録年月日及び登録番号
二　登録を受けた者の氏名又は名称及び住所並びに法人にあつては、その代表者の氏名
三　事業所の名称及び所在地
四　喀痰吸引等研修の業務開始の予定年月日
五　その他厚生労働省令で定める事項

（登録の更新）

第9条　登録は、5年以上10年以内において政令で定める期間ごとにその更新を受けなければ、その期間の経過によつて、その効力を失う。
2　前3条の規定は、前項の登録の更新について準用する。

（喀痰吸引等研修の実施に係る義務）

第10条　登録研修機関は、公正に、かつ、附則第8条第1項各号の規定及び厚生労働省令で定める基準に適合する方法により喀痰吸引等研修を行わなければならない。

（変更の届出）

第11条　登録研修機関は、附則第8条第2項各号（第一号を除く。）に掲げる事項を変更しようとするときは、あらかじめ、その旨を都道府県知事に届け出なければならない。

（業務規程）

第12条　登録研修機関は、喀痰吸引等研修の業務に関する規程（次項において「業務規程」という。）を定め、喀痰吸引等研修の業務の開始前に、都道府県知事に届け出なければならない。これを変更しようとするときも、同様とする。
2　業務規程には、喀痰吸引等研修の実施方法、喀痰吸引等研修に関する料金その他の

厚生労働省令で定める事項を定めておかなければならない。
（業務の休廃止）
第13条 登録研修機関は，喀痰吸引等研修の業務の全部又は一部を休止し，又は廃止しようとするときは，厚生労働省令で定めるところにより，あらかじめ，その旨を都道府県知事に届け出なければならない。
（適合命令）
第14条 都道府県知事は，登録研修機関が附則第8条第1項各号のいずれかに適合しなくなつたと認めるときは，その登録研修機関に対し，これらの規定に適合するため必要な措置をとるべきことを命ずることができる。
（改善命令）
第15条 都道府県知事は，登録研修機関が附則第10条の規定に違反していると認めるときは，その登録研修機関に対し，同条の規定による喀痰吸引等研修を行うべきこと又は喀痰吸引等研修の方法その他の業務の方法の改善に関し必要な措置をとるべきことを命ずることができる。
（登録の取消し等）
第16条 都道府県知事は，登録研修機関が次の各号のいずれかに該当するときは，その登録を取り消し，又は期間を定めて喀痰吸引等研修の業務の全部若しくは一部の停止を命ずることができる。
　一　附則第7条各号（第三号を除く。）のいずれかに該当するに至つたとき。
　二　附則第11条から第13条までの規定に違反したとき。
　三　前2条の規定による命令に違反したとき。
　四　附則第18条において準用する第17条の規定に違反したとき。
　五　虚偽又は不正の事実に基づいて登録を受けたとき。
（公示）
第17条 都道府県知事は，次に掲げる場合には，その旨を公示しなければならない。
　一　登録をしたとき。
　二　附則第11条の規定による届出（氏名若しくは名称若しくは住所又は事業所の名称若しくは所在地に係るものに限る。）があつたとき。
　三　附則第13条の規定による届出があつたとき。
　四　前条の規定により登録を取り消し，又は業務の全部若しくは一部の停止を命じたとき。
（準用）
第18条 第17条，第19条及び第20条の規定は，登録研修機関について準用する。この場合において，第17条中「試験事務」とあるのは「喀痰吸引等研修の業務」と，第19条及び第20条第1項中「厚生労働大臣」とあるのは「都道府県知事」と読み替えるものとする。

（厚生労働省令への委任）
第19条 附則第6条から前条までに規定するもののほか，登録研修機関の登録に関し必要な事項は，厚生労働省令で定める。

（特定行為業務の登録）
第20条 自らの事業又はその一環として，特定行為（認定特定行為業務従事者が行うものに限る。）の業務（以下「特定行為業務」という。）を行おうとする者は，その事業所ごとに，その所在地を管轄する都道府県知事の登録を受けなければならない。

2　第19条及び第20条の規定は前項の登録を受けた者について，第48条の3第2項，第48条の4から第48条の8まで及び第48条の10の規定は前項の登録について準用する。この場合において，これらの規定中「厚生労働大臣」とあるのは「都道府県知事」と，「喀痰吸引等業務」とあるのは「特定行為業務」と，第19条中「指定試験機関」とあるのは「附則第20条第1項の登録を受けた者（以下「登録特定行為事業者」という。）」と，第20条第1項中「指定試験機関」とあるのは「登録特定行為事業者」と，第48条の4第三号中「第48条の7」とあるのは「第48条の7（附則第20条第2項において準用する場合を含む。）」と，第48条の5第1項第二号中「喀痰吸引等」とあるのは「特定行為」と，同項第三号中「喀痰吸引等」とあるのは「特定行為」と，「介護福祉士」とあるのは「認定特定行為業務従事者」と，第48条の6第1項中「登録を受けた者（以下「登録喀痰吸引等事業者」という。）」とあるのは「登録特定行為事業者」と，同条第2項及び第3項並びに第48条の7中「登録喀痰吸引等事業者」とあるのは「登録特定行為事業者」と読み替えるものとする。

（罰則）
第21条 附則第5条第2項の規定に違反した者は，1年以下の懲役又は30万円以下の罰金に処する。

第22条 附則第16条の規定による業務の停止の命令に違反したときは，その違反行為をした登録研修機関（その者が法人である場合にあつては，その役員又は職員）は，1年以下の懲役又は30万円以下の罰金に処する。

第23条 次の各号のいずれかに該当する者は，30万円以下の罰金に処する。
一　附則第20条第1項の規定に違反して，同項の登録を受けないで，特定行為業務を行つた者
二　附則第20条第2項において準用する第48条の7の規定による特定行為業務の停止の命令に違反した者

第24条 次の各号のいずれかに該当するときは，その違反行為をした登録研修機関（その者が法人である場合にあつては，その役員又は職員）は，20万円以下の罰金に処する。
一　附則第13条の規定による届出をせず，又は虚偽の届出をしたとき。
二　附則第18条において準用する第17条の規定に違反して帳簿を備えず，帳簿に記載せず，若しくは帳簿に虚偽の記載をし，又は帳簿を保存しなかつたとき。

三　附則第18条において準用する第19条の規定による報告をせず，又は虚偽の報告をしたとき。
四　附則第18条において準用する第20条第1項の規定による立入り若しくは検査を拒み，妨げ，若しくは忌避し，又は質問に対して陳述をせず，若しくは虚偽の陳述をしたとき。

第25条　次の各号のいずれかに該当するときは，その違反行為をした者は，20万円以下の罰金に処する。
一　附則第20条第2項において準用する第19条の規定による報告をせず，又は虚偽の報告をしたとき。
二　附則第20条第2項において準用する第20条第1項の規定による立入り若しくは検査を拒み，妨げ，若しくは忌避し，又は質問に対して陳述をせず，若しくは虚偽の陳述をしたとき。

第26条　法人の代表者又は法人若しくは人の代理人，使用人その他の従業者が，その法人又は人の業務に関して附則第23条又は前条の違反行為をしたときは，行為者を罰するほか，その法人又は人に対しても各本条の罰金刑を科する。

第27条　正当な理由なく，附則第4条第4項の規定による命令に違反して認定特定行為業務従事者認定証を返納しなかつた者は，10万円以下の過料に処する。

（第48条の4第三号の規定の適用関係）
第28条　第48条の4第三号の規定の適用については，当分の間，同号中「第48条の7」とあるのは，「第48条の7（附則第20条第2項において準用する場合を含む。）」とする。

編集委員会メンバー（50音順）

編集責任者	宮路　博	（みやじ　ひろし）
編集委員	岡本　武尚	（おかもと　たけひさ）
	駿河　香代子	（するが　かよこ）
	永田　昭宏	（ながた　あきひろ）
	日栄　優	（ひえ　まさる）
	宮地　義弘	（みやじ　よしひろ）
	向山　薫	（むかいやま　かおる）

執筆協力者（50音順）

浅田　ゆかり（あさだ　ゆかり）　　木村　露子（きむら　つゆこ）
青木　美枝（あおき　みえ）　　木村　美由紀（きむら　みゆき）
井ノ口　かおる（いのくち　かおる）　　九嶋　こず江（くしま　こずえ）
今井　直子（いまい　なおこ）　　小山　亜希子（こやま　あきこ）
梅田　万里子（うめだ　まりこ）　　髙橋　真弓（たかはし　まゆみ）
太田　亜友美（おおた　あゆみ）　　徳毛　早苗（とくも　さなえ）
川端　薫（かわばた　かおる）　　西村　太枝子（にしむら　たえこ）
上林　安彦（かんばやし　やすひこ）　　松村　淳子（まつむら　じゅんこ）
喜瀬　高宏（きせ　たかひろ）　　矢野　大介（やの　だいすけ）

編者紹介

社会福祉法人　京都福祉サービス協会

　1986（昭和61）年に「京都ホームヘルプサービス協議会」として発足し，1993（平成5）年には，増加する様々な福祉ニーズに応えるため，京都市の出資を得て社会福祉法人の認可を受け「京都福祉サービス協会」に改組。以来，「くらしに笑顔と安心を！」を運営理念として事業拡充を図ってきている。なかでも，訪問介護事業についてはヘルパー約2000名，サービス提供責任者約250名を抱え，利用者6800名（1か月あたり件数）を超える実績がある。
　法人として実施している事業内容（2013年度現在）
（1）介護保険事業（①居宅介護支援事業，②訪問介護事業，③訪問看護事業，④短期入所事業，⑤通所介護事業，⑥介護老人福祉施設，⑦夜間対応型訪問介護，⑧小規模多機能型居宅介護，⑨認知症対応型通所介護）
（2）受託事業（①障害者総合支援法にもとづく居宅介護事業，②高齢者すこやか生活支援事業，③地域包括支援センター，④地域介護予防推進センター，⑤在宅介護支援センター運営，⑥児童館運営，⑦軽費老人ホーム（ケアハウス）運営，⑧要介護認定調査事務受託事業，⑨育児支援ヘルプ事業，⑩喀痰吸引等研修事業（第三号研修））
（3）自主事業（①介護職員初任者研修事業，②ほのぼのサービス（私的契約サービス）事業）

```
法人本部　所在地
〒600-8127　京都市下京区西木屋町通り上ノ口上る梅湊町83番地の1
　　　　　　ひと・まち交流館　京都　4階
電話（075）354-8745　FAX（075）354-8746
ホームページアドレス　http://kyoto-fukushi.org/
```

ホームヘルパーの医療的ケア・ターミナルケア事例集
──具体例で学ぶ新たな業務──

2013年8月30日　初版第1刷発行　　　〈検印省略〉

定価はカバーに表示しています

編著者	京都福祉サービス協会編集委員会
発行者	杉田　啓三
印刷者	田中　雅博

発行所　株式会社　ミネルヴァ書房
607-8494　京都市山科区日ノ岡堤谷町1
　　　　　電話代表　（075）581-5191
　　　　　振替口座　01020-0-8076

©京都福祉サービス協会編集委員会, 2013　　創栄図書印刷・藤沢製本

ISBN978-4-623-06684-1

Printed in Japan

介護職員等のための
医療的ケア

公益財団法人　日本訪問看護財団 編

B5判美装カバー208頁　定価2200円

介護職員等が医行為（喀痰吸引・経管栄養）を行うための，厚生労働省のカリキュラムに準拠したテキスト。実務者，介護福祉士養成課程両方に対応。確認問題と評価の視点入り評価表で知識の定着をはかれます。

———————— ミネルヴァ書房 ————————
http://www.minervashobo.co.jp/